Das Buch

Das »reizende Fleckchen Erde«, wie es die Sommerfrischler nennen, ist in den Augen seiner Bewohner das »mickrigste« Dorf weit und breit. Aber es ist ein Kindheitsparadies. Hier leben in einem höchst ungräflich einfachen Forsthaus die Bredows, Nachfahren eines der ältesten Adelsgeschlechter in der Mark Brandenburg. Und hier wachsen in den dreißiger Jahren Ilse und ihre Geschwister auf. Es ist eine glückliche Kindheit, an die sie sich erinnert, geprägt von der geliebten Mutter, dem bärbeißig-gutmütigen Vater, von skurrilen Verwandten, ehrgeizigen Erzieherinnen, von Hausmädchen, Spielkameraden und den Leuten aus dem Dorf mit all ihren Tugenden und liebenswerten Schwächen. Gräfin Bredow erzählt mit »herzerfrischender Natürlichkeit« (Verena Auffermann in der ›Rhein-Neckar-Zeitung‹), »naiv, frisch, ehrlich und echt« (Geno Hartlaub im ›Deutschen Allgemeinen Sonntagsblatt‹).

Die Autorin

Ilse Gräfin von Bredow wurde am 5. Juli 1922 in Teichenau (Schlesien) geboren. Sie wuchs auf einem Waldgut in der märkischen Heide auf und besuchte später ein Internat. Wie die meisten Frauen ihrer Generation war sie während der Kriegszeit im Arbeitsdienst. Seit Anfang der fünfziger Jahre lebt sie als Journalistin in Hamburg. Weitere Werke: ›Deine Keile kriegste doch‹ (1981), ›Willst du glücklich sein im Leben‹ (1984), ›Ein Fräulein von und zu‹ (1987), ›Glückskinder‹ (1990), ›Ein Bernhardiner namens Möpschen‹ (1991).

Ilse Gräfin von Bredow:
Kartoffeln mit Stippe
Eine Kindheit
in der märkischen Heide

Deutscher
Taschenbuch
Verlag

dtv

Ungekürzte Ausgabe
Mai 1992
Deutscher Taschenbuch Verlag GmbH & Co. KG,
München

ISBN 3-502-19068-2
Umschlaggestaltung: Celestino Piatti
Umschlagbild: Gisela Aulfes
Gesamtherstellung: C. H. Beck'sche Buchdruckerei,
Nördlingen
Printed in Germany · ISBN 3-423-11537-8

Inhalt

I

Nettes Fleckchen Erde

Städter waren in Vaters Augen eine Heimsuchung, eine Landplage, schlimmer als Rüsselkäfer und Waldbrände. »Dieses Volk« spazierte durchs Dorf wie durch einen Zoo, drang ungebeten in Ställe und Gärten, gaffte durch offenstehende Fenster und benutzte die Hochsitze als Liebesversteck. »Diese Leute« trampelten durch das Getreide und über die Wiesen, als seien es Landstraßen, rissen Pilze mit Stumpf und Stiel aus dem Boden, schlossen nie ein Koppeltor hinter sich und brachten es sogar fertig, auf einem Wildschweinwechsel zu zelten, worüber eine Bache mit Frischlingen so in Harnisch geriet, daß sie das Zelt niedertrampelte. Sie verstießen gegen jede gute Sitte, indem sie nur mit einer Badehose bekleidet ins Dorf kamen, und provozierten Mutter, die sich gern in vieles mischte, zu der Bemerkung: »Wir sind hier schließlich nicht im Busch.« Sie mäkelten an allem herum, was sie im Dorf einkauften – »Die Milch sieht ja ziemlich wässerig aus!« – »Sind die Eier auch wirklich frisch?« –, und gingen in trockenen Sommern reichlich sorglos mit Streichhölzern und Feuer im Wald um.

Trotz unserer ablehnenden Haltung waren sie von uns und dem Dorf begeistert. Dabei war es das mickrigste weit und breit. Es gab weder Wasserleitung noch elektrisches Licht, noch Telefon. Weder Kaufmann noch Gasthaus. Einmal wöchentlich kam der Krämer vom Nachbardorf mit Pferd und Wagen und hielt vor den aus Lehm zusammengepappten, mit Efeu verschnürten Fachwerkhäusern, die sich zwischen zwei Seen unter Linden und Kastanien duckten. Er brachte, was der Mensch so zum Leben braucht: Zucker und Salz, Fliegenfänger und Zwirn. Essig und Hefe. Holzpantinen und Mäusefallen. In regenreichen Wochen verwandelte sich die ungepflasterte Dorfstraße in einen trüben See, an dessen Rand man sich vorsichtig, an den Gartenzäunen Halt suchend, entlangtasten mußte, was in mondlosen Nächten, zumal mit Waldmeisterbowle oder Bockbier im Bauch, einige Schwierigkeiten machte. Die Postfrau kam nur, wenn das Wetter danach war, und statt durch das Läuten von Kirchenglocken wurden wir im Sommer von Frau Trägenapps melodischem Ruf: »Komm, Olle, komm!« geweckt, mit dem sie ihre drei Kühe zum Melken von der Koppel lockte, und im Winter vom Bersten des Eises, das wie Böllerschüsse krachte. Am Tage plagten uns die Bremsen, nachts die Mücken, und wer einmal mit den Hornissen im Baumstamm Bekanntschaft gemacht hatte, vermied es, unter Frau Trägenapps riesiger Kastanie im lauschigen Schatten zu sitzen.

Trotzdem nannten die Städter unser Dorf ein »reizendes Fleckchen Erde«, ein »nettes kleines Anliegen«, werteten unser Forsthaus zum »Herrenhaus« und Vaters Baumschule zum »Park« auf. Wenn sie Vater im Wald beim Aufforsten trafen, schenkten sie ihm eine Zigarre und sagten: »Schwere Arbeit, guter Mann. Wo wohnt denn hier der Graf?«

Vater tat alles, um sie sich vom Leibe zu halten. Er weigerte sich, den Weg ins Nachbardorf, der so voller Löcher war wie ein Karnickelbau voller Gänge, ausbessern zu lassen, und lächelte zufrieden, wenn er beim Kaffeetrinken auf der Veranda aus der Ferne das Aufheulen eines Motors hörte. »Schon wieder einer festgebuttert. Ja, ja, Stadt und Land Hand in Hand.«

Um so unverständlicher war es für die Familie, daß ausgerechnet er sich breitschlagen ließ, ein kleines Haus am Dorfeingang an einen Städter zu vermieten. Er war denn auch so entsetzt über seine Tat, daß er stöhnte: »Trudel, ich muß verrückt gewesen sein.«

Für Mutter war das jedoch eine hochinteressante Neuigkeit. »Was denn? Wer denn?« fragte sie aufgeregt.

»Ich glaube, der Mann ist Arzt«, sagte Vater lahm, »so 'ne Art Professor.«

»Wie wundervoll!« rief Mutter. »Wenn jetzt einer von uns krank wird, haben wir sogar eine Kapazität in diesem –« Sie verschluckte das Wort Kaff noch rechtzeitig. Vater war da sehr empfindlich.

Die neuen Mieter kamen mit einem proppevollen Möbelwagen, der prompt im Sand steckenblieb. Es gab viel Geschrei und Aufregung, bis die Sachen unter Dach und Fach waren.

»Wir können gar nicht sagen, wie wir uns auf die Stille freuen und die Natur direkt vor der Haustür«, dröhnte der Professor, ein schmächtiger Mann mit beginnender Glatze, aber der Stimme eines Aalverkäufers, und schwenkte den ausgestreckten Arm in einer Bewegung, die auch Frau Nirzwickis altes Gerümpel aus durchlöcherten Eimern, Kochtöpfen und zerbrochenen Tellern zwischen Disteln und Kletten einschloß. »Nur mit der Toilette, lieber Graf, da müßte man sich vielleicht etwas anderes einfallen lassen.«

»Natürlich«, sagte Vater, »Sie bekommen ein Plumpsklo ins Haus.«

»Nun ja«, sagte der Arzt leicht geniert, »wenn Sie es so nennen wollen.«

Eine Woche später meldete sich das Ehepaar zu einem Antrittsbesuch bei uns an. Silber und Lampen wurden geputzt, und eines der großen Tischtücher mit eingewebtem Wappen wurde aus dem Wäscheschrank geholt. Während Mutter mit Lore, unserem Hausmädchen, den Tisch auszog, entbrannte der übliche Kampf um Vaters Anzug zwischen ihr und Vater, der wie immer nur das Jackett wechseln wollte.

»Einfach unmöglich diese Hose!« rief Mutter. »Sie sieht ja mehr wie ein Kartoffelsack aus.«

»Aber man sieht bei Tisch von mir doch nur die obere Hälfte«, verteidigte sich Vater.

»Man muß sich schämen, wie du herumläufst«, sagte Mutter. »Im Dorf erzählt man sich schon, der Graf sei wohl pleite.«

»Wirklich?« fragte Vater interessiert. »Nur gut, dann pumpt mich wenigstens keiner an.«

»Aber auf mir bleibt es sitzen.« Mutter machte ein Gesicht voller Selbstmitleid. »Mir wird nachgesagt, ich lasse dich verkommen.«

»Nun beruhige dich mal«, sagte Vater.

Er kam denn auch in einem ordentlichen Anzug zu Tisch, der allerdings noch von seinem Großvater stammte und völlig aus der Mode war. Die Frau des Arztes, Frau Stephanie, wie Vater sie in ihrer Abwesenheit nannte, trug eine mit blauen Blümchen bestickte weiße Batistbluse zu einem langen schwarzen Samtrock. Sie hatte das Schwirrend-Sirrende einer Libelle. Eben noch verharrte sie regungslos auf ihrem Stuhl, im nächsten Augenblick fuchtelte sie ungestüm mit den Armen herum, was Vater, der an Mutters ruhige Bewegungen gewöhnt war, furchtbar erschreckte. Auch hatte sie die Angewohnheit, so leise zu sprechen, daß man sich beim Zuhören anstrengen mußte, um alles mitzubekommen.

Während Lore Rehrücken und Sahnesoße servierte und die Kerzen vom Kronleuchter auf das Tischtuch kleckerten, weil ein Teil der Glasmanschetten zerbrochen war, schleppte sich die Unterhaltung so dahin. Man sprach von dem außergewöhnlich schönen Sommer, der leider außergewöhnlich viel Ungeziefer hervorbrachte, und lobte den zarten Rehrücken, der Mamsell außergewöhnlich gut geraten war. Frau Stephanie drehte den Kompottteller um und sagte: »Aha, Berliner Porzellan«, nahm einen Silberlöffel genau in Augenschein und sagte: »Fadenmuster.« Zum Glück kam irgendwann das Gespräch auf Pferde, und damit war der Abend gerettet, denn der Professor entpuppte sich als passionierter Reiter, und mit Pferden kannten wir uns aus.

So unterhielten sich denn die Herren sehr ausführlich über Vollblüter, Halbblüter und Warmblüter, sprachen von Jagd- und Dressurpferden, von Pferderennen und Pferdewetten. Frau Stephanie und Mutter hörten zu, verstanden sich ohne Worte und lächelten sich an. »Männer«, schienen ihre Blicke zu sagen.

Nachdem sich die Gäste endlich verabschiedet hatten, schloß Vater erleichtert hinter ihnen die Tür. »Ganz nette Leute soweit«, sagte er und gähnte mit knackendem Kiefer. »Vor allem der Mann, der hat sogar mal sein Reitpferd operiert.«

»Mach keine Witze«, sagte Mutter und leerte die Aschenbecher.

»Ehrenwort. Mit richtiger Narkose im Operationssaal.«

»Das ist ein Arzt!« sagte Mutter andachtsvoll.

»Muß mit seiner Klinik ein Vermögen verdienen«, sagte Vater. »Aber bei dem einen Besuch wollen wir es auch belassen, denke ich. Könnte sonst schnell lästig werden, diese Menschen hier dauernd rumkrauchen zu haben.«

Mutter war da ganz anderer Meinung. Bald sprach sie nur noch von Professors, zitierte Professors und hielt sich mehr bei ihnen als bei uns auf. Sie schleppte ihnen die mit den Bildern von Tanten, Onkels, Großmüttern, Großvätern, Kusinen und Vettern gefüllten Familienalben ins Haus, und Frau Stephanie äußerte ihr Erstaunen über so viel Verwandtschaft. Sie selbst hatte nur einen Onkel aufzuweisen, und an den konnte sie sich auch nur noch recht vage erinnern. Von den Kindheitserinnerungen kam man allmählich auf vertraulichere Dinge zu sprechen. Frau Stephanie sagte zu Mutter, Kinder seien für sie das Höchste, und niemand solle denken, es liege an ihr, daß sie keine habe, und Mutter revanchierte sich mit tiefen Seufzern über Vaters Marotten. Während der Professor auf einer plüschigen braunen Stute, die bisher nur im Reitstall gegangen war und deshalb vor jedem Schatten erschrak, durch die Gegend sprengte und sie mit lautem »Ho! Ho!« zu beruhigen versuchte, wanderten die beiden Damen Arm in Arm durchs Dorf, gingen gemeinsam baden oder Pilze sammeln und fuhren sogar gelegentlich in Frau Stephanies zitronengelbem Adler nach Berlin. Vater fühlte sich vernachlässigt. »Möchte bloß wissen, was du an dieser Mücke findest«, sagte er. »Die soll erst mal lernen, anständig den Mund aufzumachen. Das Gehauche kann ja keiner verstehen.«

»Nicht jeder ist so schwerhörig wie du«, sagte Mutter.

»Ständig bist du auf Achse.« Vater war verärgert, daß Mutter ihn so viel allein ließ. »Um die Kinder kümmerst du dich überhaupt nicht mehr.«

»Das ist ja ganz was Neues«, sagte Mutter. »Wer predigt denn immer, sie sollen selbständiger werden?«

»Hauptsache, du amüsierst dich«, sagte Vater. »An mich denkt sowieso niemand.«

Er war denn auch recht kühl zu Mutters neuer Freundin und verzog sich, wenn er sie nur von weitem sah.

Dem Professor gefiel unser Dorf so gut, daß er beschloß, nicht nur die Wochenenden, sondern auch seinen Jahresurlaub bei uns zu verleben. Frau Stephanie fand das eine gute Idee, bis der Professor zu einem Kongreß mußte und Mutter ihre jährliche Rundreise zu den Geschwistern antrat. Der große Plattenkoffer wurde vom Boden geholt, und er und Mutter wurden zur Kleinbahn gebracht, nachdem sie uns vorher reichlich mit Ermahnungen eingedeckt hatte: »Kein Wasser auf Gurken und Kirschen trinken, nicht ohne Schwimmweste Kahn fahren, nicht barfuß radeln.«

Frau Stephanie, von Mann und Freundin allein gelassen, begann sich zu mopsen. Durch die Brille der Langeweile betrachtet, erschien ihr Vater plötzlich nicht mehr als dösiger Krautjunker, sondern eher als kerniger, sympathischer Naturbursche, der nur darauf wartete, von einer erfahrenen Frau geformt zu werden. Doch erwies es sich weiterhin als schwierig, mit ihm Kontakt zu bekommen. In der Waidmannssprache gesagt: Er sprang ab, sobald er ihre Stimme auf dem Hof hörte.

»Was die Mücke bloß will«, flüsterte er mir zu und legte warnend den Zeigefinger auf den Mund, als ich ihn hinter einer Holzmiete versteckt entdeckte. »Kann einen das Mensch nicht in Ruhe lassen?«

Frau Stephanie war beharrlich. Sie ließ sich etwas einfallen, um ihn anzuködern. Aus Berlin brachte sie kostbare Ziersträucher mit und lud sie bei uns im Garten ab. Teils freute sich Vater über das Geschenk, teils bereitete es ihm Unbehagen. Auf jeden Fall kam er nicht darum herum, sich dafür zu bedanken, und sie nutzte sogleich die Gelegenheit, um sich zur Vesper bei uns einzuladen, was seine Laune nicht gerade verbesserte. Verdrießlich sah er sich im Wohnzimmer um. »Räumt hier gefälligst mal auf«, scheuchte er uns. »Liegt 'ne Menge Kram von euch rum, und Sie, Lore, sorgen für Blumen in den Vasen.«

»Ich?!« sagte Lore, als hätte man von ihr verlangt, die Schweine zu füttern. »Das ist nicht meine Arbeit, das macht Frau Gräfin immer selbst.«

»Die ist ja nun mal verreist«, sagte Vater. »Aber ich möchte es trotzdem ein bißchen hübsch haben. Außerdem bekommen wir Besuch.«

Lore sah pikiert zur Decke. »Ist denn noch Kuchen da?« fragte Vater.

»Mamsell ist zur Stadt gefahren«, sagte Lore, »und sie hat's nicht gern, wenn ich an die Vorräte gehe.«

»Zum Donnerwetter«, schrie Vater, »wenn ich heut nachmittag nicht einen tadellos gedeckten Vespertisch vorfinde, dann –« Lore wartete das Ende des Satzes nicht ab, sie verschwand wie der Blitz.

Nachdem sie erst einmal im Haus Fuß gefaßt hatte, eroberte Frau Stephanie unseren Vater so unauffällig wie eine Ameise den Honigtopf – auch wenn Lore ihr Bestes tat, sie daran zu hindern. So vergaß sie ganz aus Versehen, die Tür an der Treppe, die von der Küche nach oben führte, zu schließen, woraufhin Argo, unser Bernhardiner, nach oben wetzte und den Gast mit bedrohlichem Knurren umschnüffelte. Auch wuselte Lore ständig im Wohnzimmer herum und störte die Gemütlichkeit, indem sie die Stühle hochstellte und behauptete, sie müsse jetzt gründlich saubermachen.

Trotz alledem hatte Frau Stephanie ihr Wild bald so weit, daß sie sogar die Abende bei uns verbrachte und Vater ab halb acht alle Augenblick auf die Uhr sah, ob endlich die Zeit gekommen sei, uns ins Bett zu schicken. Vielleicht war Mutter nicht ganz unschuldig an diesem Stand der Dinge, denn sie schilderte zu Vaters Mißvergnügen sehr anschaulich in ihren Briefen, was ihr bei den Geschwistern an Amüsements geboten wurde. Glücklicherweise hielt Lore die Augen offen. Mamsell war gerade dabei, mir das Haar mit Gelbei zu waschen, da kam Lore, das Tablett voller Gläser, in die Küche gefegt. »Sie will mit ihm nach Berlin machen«, flüsterte sie Mamsell zu.

»Man möchte sprechen, es ist nicht möglich«, sagte Mamsell und spülte mein Haar so heiß, daß ich aufjaulte. Dann öffnete sie die Herdtür, setzte mich zum Haaretrocknen davor, band ihre Schürze ab und walzte nach oben. Es blieb ihr großes Geheimnis, wie sie es fertigbrachte, Vater zu beschwatzen, mich und meinen Freund Bruno mitzunehmen. Wahrscheinlich war Vater einfach zu feige, nein zu sagen. Außerdem liebte er es, seine Familie um sich zu haben.

Vater schien sein voreilig gegebenes Versprechen zu bereuen. Jedenfalls musterte er Bruno, der vor Aufregung noch häufiger als sonst an seinen Fingerspitzen schnüffelte, und mich recht muffig und drohte: »Benehmt euch bloß anständig, sonst könnt ihr was erleben!«

Frau Stephanie, die kinderliebe, zeigte bei unserem Anblick nur gedämpfte Freude. Vor allem Bruno, der im Dorf den Beinamen »der Krepel« trug, weil er Epileptiker war, betrachtete sie voller Unbehagen, als könne er sich jeden Moment in Krämpfen vor ihren Füßen wälzen.

»Es macht Ihnen hoffentlich nichts aus«, sagte mein Vater verlegen.

Frau Stephanie warf ihm einen spöttischen Blick zu

und nahm, ohne etwas darauf zu erwidern, hinter dem Lenkrad Platz. Aber Vater war nur empfindsam, wenn es ihm in den Kram paßte.

»Na, dann rein mit euch«, sagte er und schob uns auf den Rücksitz. Mamsell kam noch mit harten Eiern und Brause und ermahnte Vater, nicht zu vergessen, Schuhe für mich zu kaufen, Größe 36 und genügend Platz für die Zehen.

Zuerst mußten wir bis zur Hauptstraße den Staub eines Heuwagens schlucken, weil der Weg zum Überholen zu schmal war, und dann wurde es Bruno schlecht. In Berlin fing es an zu regnen. Wir gingen in den Zoo und kauften dann Schuhe für mich und Laubfrösche für die Geschwister. Bruno und ich rempelten ungeschickt die Leute an, die uns empört ansahen und schimpften: »Gute Frau, können Sie nicht besser auf Ihre Kinder aufpassen?«

Vater blieb plötzlich stehen, als fiele ihm etwas Wichtiges ein, und sagte: »Kann ich Sie einen Augenblick mit den Kindern allein lassen? Ich bin in zehn Minuten wieder zurück, muß nur eben zur Bank.« Aber ich sah, wie er mit großen Schritten in einer Kneipe verschwand.

Frau Stephanie sagte gar nichts mehr. Sie war so fertig, daß sie unserem Betteln nachgab und in das Kaufhaus hineinging, vor dem uns Vater zurückgelassen hatte. Sie ließ sich vor einem Tischchen mit Schnittmustern nieder und sagte matt: »Ihr könnt euch in der Spielzeugabteilung umgucken, aber kommt wieder hierher zurück.«

Als wir in der Mantelabteilung angekommen waren, vermißte ich plötzlich Bruno. Soviel ich auch herumrannte und nach ihm suchte, er war nirgends zu entdecken. Ich lief heulend zu Frau Stephanie zurück, und sie alarmierte den Geschäftsführer. Das gesamte Personal beteiligte sich an der Suche nach Bruno, und der Geschäftsführer sagte: »Nichts Schlimmeres als diese Leute aus der Provinz.« Frau Stephanie zischte mich an, das habe man nun von seiner Gutmütigkeit, und der Proletenjunge könne sich auf was gefaßt machen, als Bruno aus einer

Mantelreihe hervorgekrochen kam und sagte: »Eins, zwei, drei, Anschlag frei.«

Vor dem Kaufhaus lief Vater bereits unruhig auf und ab, stürzte auf uns zu, als er uns kommen sah, und fragte: »Ist was passiert?« Diesmal machte es keine Schwierigkeiten, Frau Stephanie zu verstehen. Sie schrie so laut, daß sich die Passanten nach uns umdrehten: »Bin ich vielleicht Ihr Kindermädchen?« Und dann schluchzte sie haltlos – so wie Brunos Mutter, wenn sie einen über den Durst getrunken hatte. Vater schob Bruno und mich hastig in eine Konditorei, bestellte für jeden einen Mohrenkopf und eine Tasse Schokolade und sagte: »Ihr bleibt hier sitzen, bis ich euch abhole.« Dann ging er mit der vergrämten Frau Stephanie davon.

Nachdem wir den letzten Kuchenkrümel aufgetitscht und den kleinsten Rest Schokolade aus der Tasse geleckt hatten, begannen wir uns in der Konditorei umzusehen. Wir gingen zum Kuchenbüfett, und das Wasser lief uns im Munde zusammen. Die Serviererin hieb Bruno mit ihrer Serviette auf die Finger und drohte: »Untersteht euch, hier was anzufassen.« Und zu ihrer Kollegin gewandt: »Recht merkwürdig. Zwei Stunden läßt man jetzt die Kinder schon hier allein.« Dann brachte sie jedem von uns aus lauter Herzensgüte ein Glas Wasser und zwei Strohhalme.

Fast hätte die Dame hinter dem Büfett die Polizei geholt, als Vater und Frau Stephanie endlich zurückkamen. Frau Stephanie roch nach einem wunderbaren Parfüm, und ihre Augen glänzten. Vater bestellte eine Flasche Sekt und für uns großzügig Torte und Schlagsahne, und die Serviererin sagte: »Gnä' Frau, was für reizende Kinder.« Frau Stephanie war wie umgewandelt und behielt ihre gute Laune auch auf der Rückfahrt, obwohl einer der Laubfrösche aus dem Karton hüpfte und zwischen ihrem Fuß und dem Gaspedal sein Leben aushauchte.

Zwei Tage später kam Mutter von ihrer Reise zurück. Ich zeigte ihr gleich meine neuen beigen Schnallenschuhe, und Mutter sagte: »Wie unpraktisch«, während ich ihr erzählte, was wir in Berlin erlebt hatten. Mutter sagte »so, so« und »hm, hm« und war recht kühl zu Vater. Als ich mit ihr allein war, benutzte ich die Gelegenheit, Lore eins auszuwischen, weil sie mir ihr Rad nicht borgen wollte. Ich flüsterte Mutter ins Ohr: »Lore hat gesagt, Vater ist ein alter Idiot.« Und Mutter antwortete ohne jeden Zusammenhang: »Hoffentlich bleibt sie uns noch recht lange erhalten, mein Kind.«

Ein paar Tage darauf fragte Vater Mutter: »Bist du denn schon bei Frau Stephanie gewesen?« Mutter sagte: »Du tust gerade so, als ob ich nichts Besseres vorhätte. So wichtig sind mir diese Leute nun wirklich nicht.« Vater sagte einlenkend: »Ich denke, ihr seid Freundinnen?«

»Das ist wohl leicht übertrieben«, sagte Mutter, »dazu sprechen wir nicht dieselbe Sprache. Sie hat mir irgendwie leid getan. Diese Städter wissen ja nichts mit sich und ihrer Zeit anzufangen. Muß ziemlich scheußlich für dich gewesen sein, sie so viel auf dem Hals zu haben, wie ich von Mamsell gehört habe.«

Vater wechselte das Thema und sagte: »Schön, daß du wieder da bist.«

2
Wintermärchen

Es muß im selben Jahr gewesen sein, daß eine von Mutters unverheirateten Kusinen starb und meine Schwester als ihr Patenkind in ihrem Testament bedachte. So erbte die zehnjährige Vera sechs leicht verbogene silberne Gabeln, einen Spitzenschal, einen Elfenbeinfächer, drei Wappentischtücher für zwanzig Personen und vierhundert Reichsmark. Überwältigt von dem plötzlichen Reichtum, zog sie sich auf die alte Eiche am See zurück, um in Ruhe darüber nachzudenken. Als sie sah, daß ich ihr folgte, kletterte sie an dem Eichelhähernest vorbei bis in die Baumkrone, wo die Äste kaum noch trugen. Wütend machte ich kehrt. Ich zog um den Stamm mit dem Absatz einen Kreis und sprach den Zauberbann. Annelise Reimers hatte ihn mir gegen eine Stange Lakritze anvertraut. Nun würde Vera dort oben hocken müssen, bis sie zu einer Vogelscheuche geschrumpft war. Zu meiner Überraschung erschien sie jedoch eine Stunde später bereits wieder frisch und munter zum Mittagessen.

Bei Tisch gab es zwischen den Eltern das übliche Gezerre über die Anschaffung eines Telefons. Ich beschäftigte mich damit, die Kirschkerne auf meinem Kompotteller auszuzählen: »Der erste macht's um die Dukaten, der zweite um ein schön Gesicht, der dritte, weil man's ihm geraten, der vierte, weil Mama so spricht, der fünft und sechste sind so dumm, die wissen selber nicht, warum. Der erste . . .«

»Ich will mir ein Fohlen kaufen«, dröhnte meine Schwester in die Auseinandersetzung der Eltern.

»Kinder bei Tisch – stumm wie ein Fisch.« Vater ärgerte sich, daß Mutter ihn schon wieder mit dem Telefon behelligte. »Vielleicht könntest du deiner Tochter abgewöhnen, ständig dazwischenzuquatschen.«

»Wo wir in dieser ›Hütte‹ und dieser Wildnis schon kein elektrisches Licht und keine Kanalisation haben«, sagte Mutter, die groß im Überhören war.

»Damit mir die Telefonmasten den Wald verschandeln!«

»Braucht nur mal jemand krank zu werden.«

»Ein ordentlicher Mensch wird nicht krank.«

»Ich will mir ein Fohlen von dem Geld kaufen.« Veras Stimme war weiß Gott nicht zu überhören.

Die Eltern blickten sie an. »Es handelt sich um die vierhundert Mark von Tante Ellinor«, fühlte Mutter sich bemüßigt, Vater aufzuklären, »und nun –«

»Leide ich an Gedächtnisschwund?« unterbrach sie Vater und schnitt mit künstlerischer Sorgfalt lauter kleine Kreuze aus seiner Scheibe Brot, beschmierte jedes Kreuz dick mit Butter und schob eins nach dem anderen in den Mund.

»Warum willst du durchaus ein Pferd? Das kostet nur. Ich werde das Geld lieber für dich anlegen.«

Für Vater gab es nichts Schöneres, als jeden aus dem Forstgut herausgewirtschafteten Groschen in ein todsicheres Unternehmen mit hoher Rendite zu stecken – meist nach einem Geheimtip, den er von irgendeinem legendären Regimentskameraden aus dem Krieg bekommen hatte –, das dann ebenso todsicher Konkurs machte. »Nehmen wir mal an ...« Er zog ein Notizbuch aus der Tasche und errechnete mit Zins und Zinseszins einen sagenhaften Gewinn in zehn Jahren. Wir verstanden kein Wort.

An Mutters Hals zeigten sich rote Flecke. »Das Kind soll sich lieber was Hübsches zum Anziehen kaufen. Ich werde mit ihr nach Berlin fahren ...«

Mutter bekam ihren Einkaufsblick. In unseren Schränken hingen Kleider, die sich gut in einem Ballsaal ausgenommen hätten, aber für Spiele in Kuhställen und auf Heuböden kaum geeignet waren.

»Ein Fohlen«, wiederholte meine Schwester mit ihrer Trompetenstimme.

»Wir haben es nur gut gemeint«, sagte Vater beleidigt –

da ihrer beider Vorschläge auf Ablehnung gestoßen waren, Mutter großmütig mit einbeziehend. »Wie du willst, es ist dein Geld, obwohl ich mich frage, wo ich das Geld für all den Hafer hernehmen soll.«

Ich weiß nicht, wie viele Dörfer der Umgegend wir mit unseren Rädern abstrampelten, wie viele Pferdebeine wir fachmännisch abtasteten. Vater hatte es längst satt bekommen, uns dabei zu begleiten. Das Fohlen, für das wir uns schließlich entschieden, übertraf seine schlimmsten Erwartungen. Es war eine Mißgeburt, eine Katastrophe, eine elende Krücke, das Futter und Stroh nicht wert.

Vera war ein spontanes Kind. Es scherte sie nicht, was wir über ihren Kauf dachten. Seit das Fohlen aus einem dunklen Verschlag herausgetapert gekommen war und begonnen hatte, gierig an einem ihrer Zöpfe zu nuckeln, hatte es ihr Herz berührt.

Unser älterer Bruder Billi, der nur noch in den Ferien zu Hause war, blickte geringschätzig auf die Eselsohren, den kleinen Kopf auf dem zu kurzen Hals, die dicken Stampferchen fern von jeder rassigen Schlaksigkeit, dann schob er seine Schiebermütze ins Genick und gab kund, was wir alle dachten: »Du hast sie ja wohl nicht mehr alle ...«

»Pah!« machte Vera selbstsicher. Sie war glücklich. Der Bauer nicht minder. Zuvorkommend bot er sich sogar an, das Fohlen in seine neue Heimat zu bringen.

Wilhelm Wenzel, unser Stallknecht, stand, die Daumen in den Hosenträgern verhakt, in der Stalltür und beobachtete, wie das Fohlen schwächlich über den Hof trappelte.

»Einen schönen Schinder habt ihr euch da andrehen lassen. Und wer hat die Arbeit? Natürlich wieder ich.« Er bewegte unzufrieden mit der Zunge einen seiner großen gelben Vorderzähne, der ihm wie ein Stück Runkelrübe aus dem Mund hing und ihm schon seit Wochen zu schaffen machte.

»Es heißt Wintermärchen«, sagte Vera stolz.

»Komischer Name für 'n Hengst.« Er schnaubte kräftig in ein riesiges rotkariertes Taschentuch, das früher einmal ein Zuckersäckchen gewesen war und ihm, mit vier Knoten versehen, auch als Sonnenschutz diente.

»Na ja, mir soll's recht sein. Eins mehr oder weniger, was macht das schon.«

Er und Vera waren dicke Tunke. Sie verbrachte ganze Nachmittage bei ihm im Stall, saß auf der Häckselkiste und sah zu, wie er das Stroh wendete, Heu aufstakte oder Futter mischte. Er ließ sie von seinem Kautabak priemen, zeigte ihr, wie man einer Glucke das Brüten abgewöhnt – »Mußte einen Tag in 'n Kartoffelsack stecken und aufhängen« –, wie man Kaninchen mit einem Handkantenschlag ins Genick tötete und daß die Milch vom Wolfskraut das beste Mittel gegen Warzen ist. Als einzige von uns durfte Vera ihn in seiner rumpeligen Küche mit dem offenen Kamin über dem Herd besuchen, pechschwarzen Zichorienkaffee trinken, Speckbrot übern Daumen essen und mit seinem Schäferhund Leoleinichen spielen. Er kaufte ihr beim Lumpenhändler straßbesetzte Schuhschnallen und Lakritze, die sie mir hämisch unter die Nase hielt.

Mutter sah diese Freundschaft nicht gern.

»Was ist schon dabei«, sagte Vater.

»Immerhin hat er schon mal gesessen.«

»Aber nicht wegen Verführung Minderjähriger.« Vater grinste.

»Ist Brandstiftung vielleicht nichts?«

»Ach, das bißchen Scheune«, sagte Vater milde.

Wie Wenzel behauptete, hatte er aus reiner Gefälligkeit die hochversicherte Scheune seines früheren Arbeitgebers angezündet. Dabei waren ihm seine Kurzsichtigkeit und sein Übereifer zum Verhängnis geworden. Als er die Drillmaschine in die brennende Scheune schob, hatte er den Landjäger übersehen, der ihn, hinter einem Leiterwagen versteckt, beobachtete. Der Landjäger wurde befördert, und Wenzel kam ins Gefängnis. Seitdem saß ihm die

Angst in den Knochen. Wenn irgendwo eine Feldscheune oder eine Strohmiete in Flammen aufging und das Feuerhorn zu hören war, begannen seine Hände zu zittern. Dann lief er aufgeregt im Hof herum: »Ich hab's nicht angezündet! Ich hab's nicht angezündet!« Wenzels Vergehen wurde in der Umgegend mit der gleichen Nachsicht beurteilt wie Wildern oder Holzdiebstahl.

»Alfred«, sagte Mutter, »du weißt sehr gut, was ich meine. Sag, was du willst, mir bleibt der Kerl unheimlich.«

Auch ich mochte Wenzel nicht, was auf Gegenseitigkeit beruhte. Er verpetzte mich, wo er konnte, bei Vater und behauptete, ich sei nur darauf aus, ihn und sein geliebtes Leoleinichen zu ärgern. Dabei war der Schäferhund so bissig, daß ich froh war, wenn er an der Kette lag. Ich ärgerte mich, daß meine Schwester sich so viel bei ihm herausnehmen durfte, und glaubte fest, daß er es gewesen war, der mein Ziegenlamm zum Krüppel gemacht hatte. Vater hatte mir erlaubt, mein Ziegenlamm Schnucki in einer leeren Box im Pferdestall unterzubringen. Eines Tages fand ich es kläglich meckernd mit gebrochenem Bein auf dem Stroh ausgestreckt. Wahrscheinlich hatte Wenzel es beim Ausmisten mit dem Besenstiel geschlagen, und das verängstigte Tier war auf die Krippe gesprungen. »Du bist schuld!« hatte ich ihn, außer mir vor Wut, angeschrien.

»Für dich immer noch Herr Wenzel und Sie.« Sein grauer Schnurrbart zuckte. »Kann ich was dafür, wenn das Aas so wild ist?«

Da hatte ich das böse Wort gesagt: »Oller Brandstifter!«

Der Peitschenriemen biß in meinen Oberarm. Ich kreischte und floh.

»Dich erwisch ich schon noch!« schrie er hinter mir her. »Komm du mir noch mal in die Quere!«

Im Gegensatz zu mir konnte Vera ihn um den Finger wickeln. Ihr zuliebe putzte er ihren blöden Gaul, daß er wie ein Wachsapfel glänzte, flocht seine struppige Mähne in Zöpfchen, damit sie sich schön wellte, und gab ihm allabendlich nach dem Melken einen halben Eimer bester Vollmilch.

Der einzige Zankapfel zwischen ihnen war Wenzels Leoleinichen. Für den Schäferhund gab es nichts Schöneres, als das verängstigte Fohlen zu hetzen. Kaum ließen wir es aus dem Stall, tauchte er aus einem Winkel des Hofes auf und stürzte sich mit freudigem Bellen auf das verschreckte Tier. Er zwickte und zwackte es, wo er es erwischen konnte. Wintermärchen floh, so schnell ihn seine Stampferchen trugen, suchte im Holzschuppen Schutz, stolperte in Harken und Spaten und brach sich fast die Knochen dabei. »O nein, o nein«, rief Vera. Energisch verlangte sie von dem Stallknecht, er solle den Hund endlich an die Kette legen.

Aber der Schäferhund bedeutete ihm ebensoviel wie ihr das Fohlen. Er brachte es nicht übers Herz, ihn anzubinden oder im Haus einzusperren. Vera jedoch hatte es raus, ihren Freund kirre zu machen. Sie mied den Stall und ging Wenzel aus dem Weg. Vergeblich wartete er auf sie. Er hielt auf dem Hof Ausschau nach ihr und versuchte, sie mit Cremeschokolade zu locken. Vera machte einen Bogen um ihn und ließ ihn weiterhin links liegen. Wenzel war ein alter, einsamer Mann. Mit den Leuten im Dorf wollte er nichts zu tun haben. Meine Schwester war der einzige Mensch, für den er etwas übrig hatte, bei dem sich seine Zunge lockerte.

Nach einer Woche hatte sie ihn so weit. »Hev ihn ingespunnt«, sagte er halblaut zu Vera, als sie, mit einem Eimer Entengrütze an der Lenkstange, unnahbar an ihm vorbeiradelte.

Die Monate verstrichen. Es kam der Tag, an dem der Hengst mit dem poetischen Namen in einen Wallach verwandelt werden mußte. Zartfühlend schickte man Vera aufs Nachbargut. Als sie wieder zu uns zurückkehrte, hatte Wintermärchen zwar die Prozedur gut überstanden, wirkte aber recht melancholisch. Meine Schwester weinte und warf beim Gutenachtsagen ihr »Tunzekissen« – ein kleines Kissen, das nie in ihrem Bett fehlen durfte – nach den Eltern. »Kein Theater«, sagte Vater beleidigt.

Wintermärchen machte seinem Namen keine Ehre. Er entwickelte sich zu einem ungeschlachten Riesenroß mit Hufen wie Suppentellern. Vaters Absicht, ihn im Einspänner zu fahren, mußte beim ersten Versuch wieder aufgegeben werden. Der Wallach war einfach zu fett. Sein dicker Bauch steckte in der Wagengabel wie in einem Korsett. Fast mußten wir ihn heraussägen, so fest hatte er sich geklemmt.

»Da sieht man, wo mein teurer Hafer bleibt«, sagte Vater und zog und zerrte.

Auch hatte Wintermärchen die Intelligenz der Faulen. Er duldete uns nur auf seinem Rücken, seitdem er gemerkt hatte, daß das weniger anstrengend war, als einen Wagen durch die Sandwege zu ziehen. Vera hatte sich furchtbar mit ihm. Nur widerwillig ließ sie es zu, daß auch mein Bruder und ich oder gar unser Freund Bruno ihn ritten. Oft tauchte sie unerwartet am Ende einer sonnendurchglühten Schonung auf und keifte: »Das war das letztemal, sag' ich dir«, sobald man einen kurzen Galopp riskierte. Sie sah es ungern, daß Vater ihn anspannen ließ, wenn Gäste von der Bahn abgeholt werden sollten. Sie kutschierte dann möglichst selbst, und das im Schnekkentempo, während der Gast in zugiger Wellblechhütte vor sich hin fror und seine Blicke über Kartoffelschläge und Felder nach dem verdammten Wagen schweifen ließ.

Wintermärchen besaß ein ausgeprägtes Gefühl für Feiertage. Sonntagsarbeit lehnte er ab. Er blies dann seinen dicken Bauch so stark auf, daß auch der längste Sattelgurt nicht mehr paßte, und reckte den Kopf wie ein Huhn, das Wasser trinkt, so daß wir auf die Krippe klettern mußten, wenn wir ihm die Trense anlegen wollten. Oder er stellte mit unschuldigem Blick einen seiner Hufe auf unsere Füße, daß wir ihn erst anschreien und puffen mußten, ehe er uns wieder freiließ. Als wir uns um seinen Protest nicht scherten und ihn an einem Sonntag vor den Wagen zerrten, zahlte er es uns gründlich heim. Zunächst ging alles glatt. In sachtem Trab schaukelte er durch das Luch. Plötzlich blieb er stehen und begann zu röcheln. Das Sattelpferd Lisa schnaubte entsetzt.

»Das dumme Vieh hat sich wohl mal wieder überfressen.«

Vater kletterte vom Wagen, wir hinterher. Nur Mutter blieb oben und seufzte: »Können wir denn nicht einmal pünktlich irgendwo hinkommen!«

Wintermärchen schwankte leicht hin und her, knickte in den Gelenken ein, legte sich seitwärts auf die Wagendeichsel, die wie eine rohe Makkaronistange zerbrach, und schloß die Augen.

»Er stirbt, er stirbt!« schrie meine Schwester hysterisch.

»Ach, halt die Klappe«, sagte mein Bruder gereizt, der sich seinen vereiterten Daumennagel am Geschirr gestoßen hatte. Er streifte dem Pferd die Stränge ab und band es von der Deichsel. Kaum hatte er den letzten Riemen gelöst, sprang der Wallach auf und rannte, triumphierend nach allen Seiten auskeilend, auf den Hof zurück.

Wintermärchen stand jetzt in der Blüte seiner Jahre, während aus dem Schäferhund inzwischen eine rheumatische, kurzatmige alte Töle geworden war, mit mürben Zähnen und schlechtem Geruchssinn, kaum noch bei Kräften, um ein Huhn zu jagen, geschweige denn Wintermärchen. Das Blatt hatte sich gewendet. Jetzt jagte das Pferd den Hund, wo es ihn erwischen konnte. Es war grotesk anzusehen, wenn dieses Schlachtroß schnaubend hinter ihm herrannte und Leoleinichen sich in großer Not und mit letzter Kraft in den Stall flüchtete, in den Geräteschuppen kroch oder im dichten Holunder Schutz suchte.

Keiner hätte geglaubt, wozu Wintermärchen in seinem

Haß fähig war. Als der Schäferhund aus alter Gewohnheit in der Scheune nach Ratten schnüffelte, war das Pferd plötzlich über ihm. Der Todesschrei des Hundes ließ Wenzel herbeieilen. Als er seinen Liebling mit zukkenden Pfoten auf der Tenne liegen sah, ging er mit der Mistgabel auf den Wallach los. »Dich mach' ich alle!« schrie er. Doch ehe er noch zustechen konnte, hatte sich meine Schwester dazwischengedrängt. Die Mistgabel landete knapp über ihrem Kopf im Scheunentor. Ich wetzte ins Haus, wo Vater sein Mittagsschläfchen hielt. Er nahm das Sofakissen von seinem Bauch und fragte verschlafen: »Was ist?«

»Wenzel bringt Vera um«, heulte ich. »Wintermärchen hat Leo tot gemacht.«

Vater nahm sich nicht mal die Zeit, seine Gamaschen vernünftig zu wickeln. Sie hinter sich herschlappend, eilte er auf den Hof. Dort spielten Vera, Wenzel und das Pferd eine Art Haschzeck rund um den Leiterwagen.

Vater sprach beruhigend auf den alten Mann ein. Ein Geldschein tat ein übriges, um Wenzel zu besänftigen.

Gefühle hin, Gefühle her, Wenzel war auch ein sparsamer Mann. So kochte er denn sein geliebtes Leoleinichen zu Seife. Ein gräßlicher Gestank zog von der alten Waschküche hinter dem Stall her durchs Haus. »Ist ja widerwärtig«, sagte Mutter.

Für Wenzel schien damit der Fall erledigt zu sein. Wie bisher hatte Wintermärchen nichts bei ihm auszustehen. Er knabberte zufrieden an seiner Rübe, wenn wir ihn besuchten, und schnupperte zutraulich an unseren Händen.

Vera traute dem Frieden jedoch nicht. Nun war sie es, die Wenzel mit kleinen Geschenken umwarb, für ihn Zigarren von Vater klaute. Sie wurde blaß und bekam einen nervösen Augentick, so daß sie täglich dreimal Promonta nehmen mußte, eines von Mutters beliebten Stärkungsmitteln, das ebenso scheußlich schmeckte wie Lebertran.

Die Wochen vergingen. Wenzels Leoleinichen geriet in

Vergessenheit. Da das Wetter warm und trocken war, blieben die Pferde auch nachts auf der Koppel. In den Ferien erlaubte man uns, länger als gewöhnlich aufzubleiben. So spielten wir noch zu später Stunde »Versteck im Dunkeln« rund um den Backofen zwischen den dichten Büschen. Ich rannte an Vera vorbei und rief: »Eins, zwei, drei, ich bin frei!«

»Hab' dich längst gesehen«, sagte sie und starrte auf einen Fliederbusch, dessen Zweige sich stark bewegten. »Los, komm raus, Bruno«, rief sie. Ein wahnsinniger Schrei trieb uns zusammen.

»Was war das?« flüsterte ich und klammerte mich an Vera. Sie machte sich von mir los. »Sei still!«

Noch einmal dieser Schrei, ein wenig schwächer, aber nicht weniger unheimlich. »Das ist eins der Pferde«, sagte mein Bruder.

Wir rannten zur Koppel, krochen durch den Koppeldraht und liefen zu den Pferden, die in einer Gruppe ängstlich schnaubend beisammenstanden. Meine Schwester drängte sich dazwischen. »Wintermärchen fehlt, wir müssen ihn suchen.«

Zu der Koppel gehörte ein Stück mit Erlen und Birken bewachsene Lake. Die Pferde hielten sich dort gern auf, wenn es ihnen zu heiß wurde oder wenn sie vor Wind und Regen Schutz suchten. Dort befand sich auch ein Moorloch. Es war mit dichtem Maschendraht eingezäunt, damit niemand hineingeriet. Zuerst hörten wir nur ein schwaches Prusten, dann entdeckten wir den Wallach. Er steckte bis zum Hals im Moor. Bei jedem Versuch, sich freizustrampeln, sank er tiefer und tiefer.

»Wie is er da bloß reingeraten?« fragte ich. Mein Bruder deutete auf den Zaun. In dem Draht war ein großes Loch. »Die Pferde sind das nicht gewesen.« Vera bückte sich und hob etwas auf. Ich nahm mir nicht die Zeit, sie zu fragen, was sie da gefunden hatte. Ich flitzte über die mondbeschienene Koppel, so schnell ich laufen konnte, und holte Hilfe. Das ganze Dorf versammelte sich, um bei der Rettungsaktion zuzusehen. Als die Männer endlich das Pferd mit Stricken und Brettern herausgezogen hatten, zeigte es sich, daß es mit dem rechten Vorderbein nicht mehr auftreten konnte. Auch Vaters bewährte Lehmumschläge halfen da nichts. Wintermärchen behielt ein Hinkebein. Wer den Draht zerschnitten hatte, blieb ungeklärt.

»Wenn das man nicht dein Wenzel war«, hörte ich Mutter sagen. »Der Kerl ist rachsüchtig.«

»Ach, Unsinn«, sagte Vater, »der wird sich doch in diesen Zeiten nicht um Lohn und Arbeit bringen.«

Was meine Schwester dachte, behielt sie für sich. Nur eins stand fest: Sie schikanierte den alten Mann jetzt auf ihre Weise, und er ließ sich ihre verdeckten Unverschämtheiten gefallen. An einem schwülen Tag holte sie den Wallach aus dem Stall. Sie wollte mit ihm zum See hinunter, um das geschwollene Bein zu kühlen. Diensteifrig kam Wenzel aus einer Ecke des Hofes mit der Absicht, ihr beim Aufsitzen zu helfen. Er griff nach ihrem Bein, um ihr den nötigen Schwung zu geben. Vera trat wild nach ihm. »Mörder! Brandstifter!« kreischte sie. Ich bekam vor Aufregung einen Schluckauf. Gleich würde er ihr den Arm umdrehen, sie verdreschen, sie in den Kartoffelkeller sperren. Vera griff in ihre Windjacke und warf ihm etwas ins Gesicht. Es war ein rotkariertes Taschentuch.

»Möchteste wissen, wo ich das gefunden habe?«

»Kind, Kind«, sagte Wenzel weinerlich, »was weißt denn du, solche Taschentücher gibt's 'ne Menge.«

Vera betrachtete ihn von Wintermärchens Rücken. Kummer, Verachtung, Triumph über ihre neu gewonnene Macht wechselten auf ihrem Schulmädchengesicht wie die Bilder in unserer Laterna magica. Sie bohrte ihre Hacken dem Pferd in die Flanken. Schwerfällig setzte sich der Wallach in Bewegung und humpelte zum Tor hinaus.

»Warum sagt sie's Vater nicht, wenn sie weiß, daß es

Wenzel war?« fragte ich Billi, während wir mit dem Kahn am Schilf entlang stakten und nach den Reusen sahen.

»Sie läßt ihn zappeln.« Er hob eine Reuse aus dem Wasser, in der ein Hecht sich wandte und krümmte. »Siehste, so!«

3
Bruno, der Krepel

Dort, wo im Dorf die Pfützen am längsten standen, wo die Räder der Handwagen in tiefen Rinnen steckenblieben, wohnte Bruno, der Epileptiker, der »Krepel«, mit seiner Mutter, der Jungfer Zech. Wenn man das hinter dichten Fliederbüschen versteckte kleine Haus mit dem von Moos und Gras bewachsenen Dach betrat, stand man gleich in der Küche. Der rußgeschwärzte Backsteinherd hatte einen offenen Kamin als Abzug, so daß gelegentlich eine Fledermaus im Bratfett landete. Neben dem Herd standen zwei Wassereimer auf einer Holzbank. An der Wand über dem Küchentisch hingen ein Glimmerkalender und ein Bord für Mehl und Salz, für Kamille und Lindenblüten. Es war mit einer Papiergardine verziert, die von Brunos Mutter jeden Sonnabend aus Zeitungspapier neu geschnitten wurde. Bruno und sie schliefen in einer fensterlosen Kammer. Sie ging von der guten Stube ab und bot gerade Platz für ein Bett.

Brunos Mutter keifte von früh bis spät mit ihrem Krepel, ihrem ein und alles. Kein Pflichtgefühl, der Junge, keine Grütze im Kopf, keinen Sinn und Verstand. Statt Kartoffeln abzukeimen, Kien zu spalten, Holz zu schichten, Wasser zu holen oder Schweinefutter zu mischen, lümmelte er in der Gegend herum. Sie geriet mächtig in Rage, wenn sie ihn wieder einmal unter dem Holunderbusch erwischte, wo er verzückt an einer Flasche Bockbier nuckelte, der faule Hund! »Saufen und fressen wie 'n Graf!« schimpfte sie. »Werd' dir die Faxen schon austreiben, dir schon!« Sie versohlte ihn mit ihrer Pantine, bis er heulte, zog ihn dann auf ihren Schoß, wischte ihm die Tränen mit dem Schürzenzipfel ab und stopfte seinen Mund mit Bonbons voll. »Da haste, oller Döskopp!«

Bruno besaß so manches, worum wir ihn beneideten.

Ein feststehendes Messer, einen Glasschneider, einen Dynamo am Rad, ein Brennglas und eine abgelegte Dragonermütze, die Vater ihm geschenkt hatte und die ihm das Aussehen eines argwöhnisch um sich blickenden Haubentauchers verlieh. Onkel Karl schnalzte mißbilligend mit der Zunge: »Wie geschmacklos, ein Symbol unseres ruhmreichen Traditionsregiments auf dem Kopf dieses Jungen! Das geht nun wirklich zu weit, Alfred.«

Zwar genoß Bruno unseren Neid, wenn er uns seine Schätze zeigte; aber im Grunde hing er an nichts und niemand mehr als an seinem Kater Mauzer, einer griesegrauen, mörderischen Miesekatze. Mauzers Spezialität war es, im Frühjahr auf den überschwemmten Wiesen laichende Hechte zu fangen. Es gab jedesmal langes Geplansche, bis der Kater den Fisch auf einer trockenen Stelle hatte, wo er seinen scharfen Krallen wehrlos ausgeliefert war. Mauzer war ein gelehriges Tier. Er sprang auf Kommando über Stöckchen und machte toten Mann, indem er sich platt auf den Boden legte und sich nicht mehr rührte, bis Bruno mit den Fingern schnippte. Leicht wie ein Papierflugzeug segelte er aus der Bodenluke, wobei er seinen Schwanz als Steuer benutzte, und landete, ohne sich zu überschlagen, sicher auf seinen Pfoten. Mauzer lehrte uns Mores, wenn wir ihn ärgern wollten. Dann sprang er uns an die Beine und schlug uns seine scharfen Krallen ins Fleisch, daß wir vor Schmerz aufheulten. Nur auf Brunos Arm war er sanft und kuschelig, leckte Brunos verknurkste Finger und schnurrte wie ein Papprädchen. Bruno hatte ihn von Bauer Witt. Er war zufällig dazu gekommen, als der sich gerade anschickte, die junge Katzenbrut im See zu ersäufen. Bauer Witt hatte den Stärksten vom Wurf aus dem Sack gezogen und dem gaffenden Bruno in die Arme geworfen: »Da haste, Krepel, sollst auch 'ne Freude haben.« Seine Mutter tobte: »'ne Katze, was solln wir mit 'ner Katze? Weg mit dem Vieh, sonst schmeiß' ich's gegen die Wand, wirst schon sehn!« Doch da hatte Bruno seinen großen Kopf gegen die Klotür gehämmert, daß es nur so bumste, hatte geschrien und um sich geschlagen, bis ihn seine Mutter erschrocken schüttelte. »Krieg dich ein, du, Krepel, meinetwegen behalt's.«

Aus dem räudigen Kätzchen war ein stattlicher Kater geworden, zu jedem Kampf bereit, wenn es sein mußte. Nur wenn Bruno aus den Fugen geriet, bekam er grelle Augen und ein gesträubtes Fell. Manchmal nämlich wollten wir uns von Bruno gruseln lassen und ermunterten ihn: »Los, krieg mal 'n Anfall.«

»Was ich wohl davon hab'«, sagte Bruno geschäftstüchtig und tat uns nicht eher den Gefallen, bis wir die schönsten Glasmurmeln vor ihm ausgebreitet hatten. Erst dann rollte er unheimlich mit den Augen, ließ sich zu Boden fallen, gab ein dünnes Babygreinen von sich, zappelte wie ein geköpftes Huhn, während sich sein Gesicht verzerrte und ihm die Spucke aus dem Mund lief.

Wenn wir bänglich riefen: »Mensch, laß den Quatsch!« und ihn mit Wasser begossen, kam er langsam wieder zu sich, blickte mit leeren Augen um sich und beschwerte sich gähnend: »Laßt das gefälligst, ihr Säue.« Müde, mit umschatteten Augen rappelte er sich auf, während Mauzer ihn vom Baum herunter wild anfauchte und sich weigerte herunterzuklettern, so zärtlich Bruno auch lockte: »Komm, Mies, komm!«

Mauzers Todfeind war unser Bernhardiner Argo, genannt Möpschen. Schuld daran war unsere Angorakatze, eine hübsche, aber dümmliche Katzendame, die vor Mäusen fast so erschrak wie eine alte Jungfer, dazu süchtig auf Lametta und Stanniolpapier war und es liebte, sich in die Schüssel voll bröckeligem Quark zu legen, den Mamsell mit Natron zu Kochkäse angesetzt hatte. Manchmal nahm Möpschen sie, nur so zum Spaß, in sein großes Maul. Dann schnurrte sie beglückt zwischen seinen Zähnen und machte sich weich und schlapp.

Unsere Angorakatze war ein träges Tier. Sie hielt sich nur draußen auf, wenn die Zeit der Liebe gekommen war und es in Hof und Garten rund ging. Mit peitschendem Schwanz lauerte sie ihren Freiern auf und ohrfeigte sie in die Flucht. Treu war sie nämlich nur Mauzer, der denn auch nicht davor zurückschreckte, sie nachts in der Küche zu besuchen, wobei er in Möpschens Revier geriet – eine Herausforderung, die dieser unmöglich übersehen konnte. Es gab ein solches Getobe, daß wir aus den Betten fuhren und in die Küche rannten, um uns an der Jagd zu beteiligen.

»Wenn man dieses Katervieh nur einmal erwischen könnte!« Vater saß in seinem reichlich kurzen Nachthemd auf der Treppe und rieb sich sein Schienbein. »Das hätte die längste Zeit gelebt, so wahr ich hier sitze.«

»Das wirst du doch wohl dem armen Bruno nicht antun«, sagte Mutter.

»Schleppt die Hasen ran, als wären's Mäuse.«

»Mein Gott, der eine mickrige Hase, bestimmt war das Tier krank.«

»Das tut nichts zur Sache«, sagte Vater.

»Lächerlich«, sagte Mutter, »und was macht ihr Jäger? Vielleicht Löcher in die Luft schießen?«

»Du sprichst mal wieder in Rätseln.« Vater war schlecht gelaunt. Seit einiger Zeit wilderte ein Hund im Wald. Er mußte stark und schlau sein. Er hatte schon zwei Rehe gerissen, ohne gehört oder gesehen worden zu sein.

Vater war denn auch der einzige von uns, der Möpschen einen »braven Hund« nannte, als es dem Bernhardiner tatsächlich gelang, den Kater zu erwischen. Bei dem Kampfgetümmel ging eine kostbare Berliner Vase zu Bruch, die Lore auf dem Küchentisch hatte stehen lassen, und Mauzer büßte ein halbes Ohr sowie ein Stück seines Schwanzes ein. Beim Anblick seines blutenden, jämmerlich miauenden Katers produzierte Bruno ganz ohne Gegenleistung einen schlimmen Anfall und mußte eine Woche das Bett hüten. Als wir ihn besuchen wollten, bedrohte uns seine Mutter mit dem Besen: »Verschwindet, Grafenpack!«

Blaß und mit huschenden Augen, Mauzer wie einen Kartoffelsack über den Arm gehängt, tauchte er wieder bei uns auf und erging sich in dunklen Andeutungen über Möpschens weiteres Leben. Mir wurde angst und bange. Mit Bruno war nicht zu spaßen. Einmal hatte ich mir heimlich sein Brennglas ausgeliehen. Seine Rache war furchtbar gewesen. Er hatte meinen Teddy aus dem Bett gezerrt, war mit ihm zum See gerannt, hatte ihn auf ein Binsenfloß gesetzt und im kalten Novemberwind auf den See hinaustreiben lassen. Wie eine Verrückte war ich am Ufer hin und her gerannt, während mir der Teddy flehend seine Arme entgegenstreckte. Glücklicherweise hörte Förster Leisegang mein Geschrei. Er schickte sogleich seinen Hühnerhund ins Wasser, der wacker hinausschwamm und mir den aufgeweichten Teddy apportierte.

»Wenn du Möpschen was tust«, sagte ich daher weinerlich, »dann sag' ich's Vater, dann kriegste keine Gerste mehr für eure Hühner.«

»Da kann ich ja bloß lachen«, sagte Bruno. Wir zankten uns, bis mein Bruder Billi ungeduldig sagte: »Hört auf mit dem Quatsch. Bruno, bring den Kater nach Haus, wir wollen baden gehn, und Möpschen kommt mit.« Wir brauchten nicht lange auf Bruno zu warten, er war schnell wieder zurück. Mit scheelen Blicken musterte er den Bernhardiner, der, den Kopf auf den Pfoten, auf der Veranda lag und müde auf uns herunterglotzte. Mein Bruder kraulte ihm das Fell. »Mächtig ab ist der jetzt immer. Scheint sich in der letzten Zeit viel rumzutreiben, muß wohl irgendwo 'ne Freundin haben.«

Gelangweilt trottete der Hund hinter uns her. Alle Augenblicke setzte er sich, um sich auszuruhen. »Komm schon, Möpschen«, ermunterten wir ihn, »gleich beißt dich der kleine Mauzer.« Argo schnupperte aufgeregt und bellte. »Such, such«, hetzte ich ihn. Bruno gab mir wütend einen Tritt in den Oberschenkel, daß ich in die Knie ging. Argo lief indessen voller Jagdeifer auf einen

Storch zu. Dieser hielt es jedoch nicht einmal der Mühe wert, sich nach ihm umzuwenden. Sobald der Hund nahe genug herangekommen war, machte der Storch einen kleinen Hupser, dann noch einen und noch einen. Schließlich wurde der Bernhardiner des Spiels müde. Völlig außer Puste kam er wieder zurück und warf sich hechelnd ins Gras. »Der schnellste biste wirklich nich«, sagte mein Bruder.

Am See banden wir ihn an einem Pfahl fest. Ins Wasser ließen wir ihn nicht gern. Er geriet beim Schwimmen schnell in Angst und fürchtete zu ertrinken. Aufgeregt paddelte er stets auf einen von uns zu und umklammerte ihn mit allen vier Pfoten, was recht unangenehm war.

Wir bewarfen uns gerade mit winzigen Fröschen, als ein kleiner weißer Spitz auf den knurrenden Bernhardiner zustürzte. »Gleich gibt's 'ne Beißerei«, sagte Bruno entzückt. Vergeblich versuchten wir, den fremden Hund zu verscheuchen. Kläffend sprang er dem Bernhardiner an die Kehle. Zu unserer Überraschung blieb Argo friedlich. Er schnappte nur freundschaftlich nach ihm und wälzte sich dann vor ihm auf den Rücken. Der Spitz drehte ein paar Runden um den Bootsschuppen und verschwand so schnell, wie er gekommen war.

»Scheinen sich zu kennen«, sagte ich.

Bruno machte sein herablassendes Was-du-nicht-alles-weißt-Gesicht.

»Ich denke, wir sind zum Baden hergekommen«, sagte Billi und bespritzte uns mit Wasser.

Acht Tage später halfen wir Vater Pappeln nachpflanzen. Vater war gerade so richtig in Fahrt und schimpfte auf die dämlichen Bauern, die Pappeln für gute Peitschenstiele hielten und wieder mal einen großen Teil der jungen Bäume abgeschnitten hatten, als ich den Spitz aus einer Schonung herauskommen sah. Er zog und zerrte etwas hinter sich her. Als er sich beobachtet fühlte, ließ er seine Beute fallen und verschwand wieder zwischen den Bäumen. Wir liefen zu der Stelle. Vor uns lag der stark verweste Kopf eines Rehs. Vater zischte auf wie Karbid in Jauche. »Dieser Fixköter kann doch unmöglich so ein großes Stück Wild gerissen haben.«

In der nächsten Zeit ließ Bruno sich nur noch wenig bei uns blicken. Er fehlte uns beim Räuber-und-Gendarm-Spiel, denn er war der beste Räuber weit und breit. Aber Bruno hatte so seine Launen, und da ging man ihm besser aus dem Weg. Einmal überraschte ich ihn am Backofen, wie er um den jaulenden Bernhardiner herumtanzte und sang: »Doof bleibt doof, da helfen keine Pillen.«

»Was hast du mit ihm gemacht?« schrie ich.

»Ich?« fragte Bruno. »Er hat sich am Backofen die Schnauze verbrannt, der dumme Köter.«

Ich legte tröstend den Arm um Argos Hals, der mir dankbar die Hand leckte.

»Ja, streichle ihn nur, dein Möpschen«, sagte Bruno, und seine Augen unter dem Mützenschirm funkelten boshaft. »Bald hat sich's ausgemopst.«

Bei Bruno wußte man nie so recht, woran man war. Wenn er ihn nun vergiftete, dachte ich. Tatsächlich schienen meine schlimmsten Befürchtungen in Erfüllung zu gehen. Möpschen lag auf dem oberen Flur und röchelte. Roter Speichel lief auf den ebenso roten Kokosläufer.

»Er stirbt! Er stirbt!« schrie ich.

Mutter kam angerannt. »Ich werd' noch mal wahnsinnig in diesem Haus! Wohin man tritt, nichts wie Tiere. Fast hätt' ich Billis weiße Maus in der Schublade eingeklemmt. Steh auf!« Sie stieß den Hund sacht mit der Schuhspitze an. »Was soll das Theater?« Vater kam dazu. Er beugte sich über den Hund und lachte. »Stockbesoffen«, sagte er.

»Wie bitte?«

»Hat 'ne richtige Fahne, riech mal.«

Der Fall klärte sich schnell. Mamsell hatte im Keller eine Flasche Rotwein fallen lassen, und während sie nach einem Lappen lief, schlich Argo sich heimlich in den Keller und schlabberte alles auf.

Der Herbst war gekommen. Dahlien und Gladiolen blühten, die Nächte wurden kalt, und Mutter sagte: »Zweitausend Morgen Wald, aber kein trockenes Holz im Schuppen!«

Gereizt schob sie Argo von sich, der sich gerade eine blutende Schramme an ihrem Rock abwischen wollte.

Vater besah sich den Hund näher. »Muß sich mit einem andern Hund gebissen haben. Nur wenn ich ihn in den Wald mitnehmen will, ist er zu faul, da geht ihm bereits nach ein paar Metern die Puste aus. Und die Ahnen dieses Plüschtiers haben mal Menschen aus Schnee und Eis gerettet!«

»Hund hin, Ahnen her«, sagte Mutter, »komm nicht vom Thema ab. Ich will wissen, wann du endlich Holz anfahren läßt.«

»Bis jetzt hast du doch wohl immer noch welches bekommen.«

»Aber so naß und grün, daß die Öfen davon springen und Lore Stunden zum Heizen braucht.«

In die Auseinandersetzung platzte Bruno. Er zupfte aufgeregt an Vaters Jackenärmel und flüsterte ihm etwas zu.

»Sprich deutlich, Junge, ich versteh' kein Wort.« Vater wurde schnell ungeduldig.

»Ich trau' mich nich vor Argo«, tuschelte Bruno.

»Es wird immer verrückter in diesem Haus«, sagte Vater anklagend. »Jetzt hat man hier schon Geheimnisse vor einem Hund.«

»Spar dir deine Anspielungen«, sagte Mutter.

»Also«, sagte Vater, »steh hier nicht so rum, Bruno. Sag, was du auf dem Herzen hast.«

Bruno sah zu Boden und schwieg beleidigt. Ich mußte ihm recht geben. Möpschen hatte scharfe Ohren und ein empfindsames Gemüt. Man brauchte nur hämisch zu sagen: »Na, altes Sabbermaul«, und schon begann er böse zu knurren und seine Zähne zu fletschen. Meine Schwester Vera kam Bruno zu Hilfe. Sie ergriff den widerstrebenden Hund am Halsband und schleifte ihn auf den Flur. Jetzt erst packte Bruno aus. »Er wildert«, sagte er, und die Schadenfreude stand ihm feurig wie ein Muttermal ins Gesicht geschrieben.

Vater musterte ihn mit seinem Habichtblick. »Ich geh' mit dir über 'ne Brücke, und du weißt, die bricht ein, wenn du nicht die Wahrheit sagst.«

»Ehrenwort.« Bruno flüsterte weiter, obwohl der Hund nicht mehr im Zimmer war. »Er wildert mit dem Spitz zusammen. Am Fährberg, wo der Futterplatz is.«

»Sag bloß, du treibst dich schon in aller Herrgottsfrühe draußen rum! Wenn das deine Mutter wüßte.« Vater machte eine bezeichnende Handbewegung. »Was meinst du, Trudel, spricht der Junge die Wahrheit?«

»Weiß ich's«, sagte Mutter. »Aber um auf das Holz zurückzukommen...«

»Dein verdammtes Holz«, unterbrach sie Vater. »Nicht auszudenken, wenn der Junge recht hat. Gleich morgen früh werd' ich mich dort ansetzen, und Bruno kommt mit.«

»Ich auch!« schrie ich.

Es war kalt und ungemütlich im Haus, als wir aufstanden. Der Bernhardiner lag auf seinem Platz in der Küche und schlief – unschuldig wie ein Lamm. Vater ließ heimtückisch Küchentür und Gartentor offen, ehe wir uns auf den Weg machten. »Wehe, Möpschen passiert was«, zischte ich Bruno zu, »dann darfste nich mehr auf Wintermärchen reiten.«

»Och, das olle Hinkebein«, sagte Bruno abfällig.

»Dann nehmen wir dich nich mit aufs Schützenfest, dann kriegste die Dame ohne Unterleib nich zu sehn, und Billi sperrt dich ins Spritzenhaus, wenn 'ne Leiche drin liegt...«

Ich stolperte. Vater drehte sich nach mir um. »Heb gefälligst die Füße. Schlimmer als ein Städter, die können auch nur auf ebener Erde laufen.«

Auf dem Hochsitz war es klamm und muffig, und es

roch nach Mäusen. Wir saßen still und froren. Nichts rührte sich. Nur vom See drang das Quaken der Enten. Als die Sonne uns ins Gesicht schien, kehrten wir um. Argo begrüßte uns freudig an der Gartenpforte. Ich streichelte ihn. »Bruno lügt, lügt, lügt!«

»Tu' ich nich«, sagte Bruno.

Zwei Tage später wachte Mutter davon auf, daß sich jemand am Fenster zu schaffen machte. Im Mondlicht sah sie die Umrisse einer Gestalt im offenen Fenster.

»Alfred«, rief sie schrill und ließ sich aus dem Bett fallen. Eine, wie Vater später milde tadelte, vielleicht vernünftige, aber recht überflüssige Reaktion.

Vater tastete schlaftrunken nach der Pistole.

»Nich schießen!« rief ein zaghaftes Stimmchen. »Ich bin's, der Bruno.« Gleich darauf gab es ein großes Getöse. Der Kopf verschwand. Vater beugte sich hinaus. Im Rosenbeet lag Bruno, neben ihm meine Stelzen, die er benutzt hatte, um das Fenster zu erreichen.

»Wohl übergeschnappt«, schnauzte Vater. »Was soll das Theater mitten in der Nacht?«

»Wenn mich doch keiner hört«, verteidigte sich Bruno. »Ich hab' erst 'n paarmal gegen die Haustür geklopft und huhu gerufen.«

»Dann hätte Argo gebellt«, sagte Vater.

»Is weg, der Hund, is mit dem Spitz verduftet. Hab's mit eignen Augen gesehn.«

Wieder machten wir uns auf den Weg. Die Nacht war still und mild. Auf den Wiesen lag Bodennebel. Die Zeit verging. Nichts regte sich. Doch dann wurde es im Wald unruhig. Ein Reh kam über die Lichtung gefegt, ihm folgte auf den Fersen ein Hund. Unter der Futterraufe kroch ein zweiter hervor und stürzte sich auf das Wild. Es war Möpschen, wir erkannten ihn im Mondlicht deutlich. Es gab wildes Geknurr und ein Hin und Her. Das Reh schrie in Todesnot. Wir hasteten die Leiter hinunter und eilten ihm zu Hilfe. Vater schoß, und der Spitz rührte sich nicht mehr. Er legte ein zweites Mal an. Diesmal hatte er den Bernhardiner im Visier, der winselnd auf uns zu kroch.

»Nein, nein!« schrie ich.

»Was sein muß, muß sein«, sagte Vater. Ich hielt mir heulend die Ohren zu und drehte mich weg. Aber der Schuß ging daneben. Bruno hatte Vater so heftig angestoßen – sei es nun aus Ungeschicklichkeit oder weil er an die Leiche im Spritzenhaus dachte –, daß der Schuß verriß. Möpschen floh, so schnell ihn seine dicken Pfoten trugen. Wir hörten ihn durchs Unterholz brechen, als sei Billi mit dem Wasserschlauch hinter ihm her.

Zu Hause gingen wir gleich in die Küche. Argo hatte den rettenden Hafen bereits erreicht. Die Angst und das schlechte Gewissen hatten ihn unter den Küchentisch getrieben, der aber als Versteck zu niedrig für ihn war und nun wie der Panzer einer Riesenschildkröte auf seinem Rücken hing. Schwanz und Hinterteil ragten einladend hervor. Vater ergriff die Hundeleine und versohlte ihn kräftig. Argo jaulte lauter, als er zu tun pflegte, wenn Mutter Klavier spielte, und Mutter kam in die Küche geeilt und sagte: »Was für ein Aufstand, und die Kinder ganz durchgefroren, wo's deine Tochter sowieso schon mit der Blase hat.«

Vaters Zorn verrauchte schnell. Er schien selbst froh zu sein, daß Möpschen mit dem Leben davongekommen war, was ihn nicht daran hinderte, mit ihm ins Gericht zu gehen. »Strafe muß sein«, sagte er, und so bekam der Bernhardiner für die Nacht einen Maulkorb verpaßt, den der Sattler extra für ihn anfertigen mußte. Bruno sah es mit Genugtuung. Seine Leutnantsmütze auf dem Kopf, spielte er in unserm Kinderzimmer auf dem Grammophon die Platte ›Märkische Heide‹. Als er zum drittenmal mit seinem durchdringenden Stimmchen den roten Adler hochsteigen ließ, kam unsere Hauslehrerin herein. »Wir sind hier schließlich nicht auf dem Schützenfest, mein lieber Junge«, sagte sie mit leidender Miene, und Bruno sang: »Hoch über dunkle Kiefernwälder, heil dir, mein Brandenburger Land!«

4
Fräulein Gräßlich

Mit unseren Hauslehrerinnen hatten wir kein Glück. Sie wechselten fast jedes Jahr, und keinerlei Abschiedsschmerz war in ihren Augen zu lesen, wenn sie uns verließen. Vater sah nicht ein, warum wir nicht die Dorfschule besuchen sollten, und so wurde auch die neue Hauslehrerin, lange bevor sie für uns Gestalt annahm, zwischen den Eltern bereits zum Zankapfel.

»Lies mal, Alfred!« Mutter reichte Vater beim Abendbrot einen Zettel über den Tisch.

»Auf großem Forstgut in landschaftlich reizvoller Lage«, las Vater laut, »wird Hauslehrerin gesucht. Voller Familienanschluß...« Hier stockte er. »Du hast doch wohl die Anzeige noch nicht aufgegeben?«

»Nicht direkt«, sagte Mutter ausweichend.

»Was heißt das?«

»Na ja, auf der Post liegt sie schon.«

»Und warum werde ich nicht gefragt? Habe ich nicht klar und deutlich gesagt, daß ich nie wieder jemand Fremden im Haus haben will?«

»Hast du«, bestätigte Mutter, »und klar und deutlich habe ich dir auseinandergesetzt, daß wir die Kinder unmöglich jeden Tag vier Kilometer durch den Wald in die Schule schicken können.«

»Mit dem Rad ein Katzensprung«, verteidigte sich Vater.

»Besonders bei hohem Schnee und Glatteis!«

»Dann nehmen wir wieder den alten Scheel«, wehrte sich Vater verzweifelt. »Mir gefällt der Mann. Einer noch so richtig von der alten Lehrersorte.«

Der alte Scheel war längst pensioniert und hielt viel von biblischen Geschichten. Wir schrieben bei ihm nur Einsen und Zweien, und unter jedem Zeugnis stand: »Der

Schüler hat wieder große Fortschritte gemacht.« Doch das half meinem Bruder bei der Aufnahmeprüfung fürs Gymnasium wenig, obwohl er das Gleichnis vom verlorenen Sohn ohne Stocken aufzusagen wußte und sein pathetisches »Er verbrachte seine Tage mit Prassen« die Prüfungskommission beeindruckte. Er fiel trotzdem durch, und Vater sagte: »Bestimmt hat er Prassen mit Brassen verwechselt« (einem häufig von uns gefangenen Fisch). Der alte Scheel konnte mit seinem lecken Äppelkahn nur bei Windstille über den See rudern, und windstill – das war es in unserer Gegend selten. Auch hatte er mehr Sinn fürs Praktische. Wenn auf dem Hof geschlachtet oder Heu eingefahren wurde, sagte er händereibend: »Kinder, die Landwirtschaft geht vor« und schickte uns zum Helfen nach draußen.

»Ach, Alfred.« Mutter begann die Kartoffeln zu pellen.

»Ach Alfred, ach Alfred«, äffte Vater. »Ich will nicht wieder so ein Fräulein Klacks.«

»Kleck«, verbesserte Mutter, »Kleck, lieber Alfred. Sie war eine vorzügliche Lehrerin, die sicherlich noch bei uns wäre, wenn du sie nicht vergrault hättest.«

Wir kicherten. Fräulein Kleck glaubte nämlich an Seelenwanderung und daß sich ihre Seele, während sie schlief, vom Körper löste. Sie hatte sich bitter über Lore beklagt, die wie eine Verrückte gegen die Tür bummere, um sie zu wecken, anstatt vernünftig anzuklopfen. Ihre Seele führe deshalb mit so einem Ruck in den Körper zurück, daß sie den ganzen Tag davon wie benommen sei.

Natürlich war Vater nichts Besseres eingefallen, als am nächsten Morgen laut vor ihrer Tür zu singen: »Die Seele schwinget sich wohl in die Luft, juchhe, der müde Leib bleibt auf dem Kanapee.« Diesen Affront hatte das sensible Fräulein nicht verkraftet.

Mutter wandte sich zu uns: »Ihr mochtet sie, nicht wahr?«

Unsere Zustimmung war laurig. Vater hatte seinen Habichtblick. Jeden Augenblick konnte er auf uns herabstoßen. Sein Lächeln, mit dem er Mutters Vorwurf quittierte, war denn auch so stechend wie Sonnenschein kurz vor Ausbruch eines Gewitters, als er drohend scherzte: »Die Dorfschule ist genau das richtige für euch. Da müßt ihr auf Erbsen knien, wenn ihr frech seid.« Mutter überhörte seine Bemerkung. Sie kostete andachtsvoll Mamsells Leberpastete.

»Mein letztes Wort«, rief Vater herausfordernd. »Ein fremder Mensch kommt mir nicht noch einmal ins Haus!«

»Ausgezeichnet abgeschmeckt«, lobte Mutter zufrieden. »Entschuldige, Alfred, was hast du eben gesagt?«

Das Ungewitter entlud sich. »Vielleicht hörst du mir einmal zu. Ein einziges Mal!« Er schmiß seine Serviette mitten in die Specksoße, daß sie über das Tischtuch spritzte, und schmetterte beim Hinausgehen die Tür heftig hinter sich zu. Prompt gerieten die Messingschalen auf dem Bord über der Tür ins Rutschen und polterten zu Boden. Kurz darauf klappte die Haustür. Vater hatte uns grollend verlassen. Er hatte sich in seinen geliebten Wald zurückgezogen, um nichts mehr von uns zu hören und zu sehen.

Nach seinem Abgang brach jede Ordnung zusammen. Wir überschrien uns gegenseitig, schnitten die zu scharf gebackene Rinde vom Brot, was Vater nie duldete, und kippten uns mindestens fünf Löffel Zucker in den Kakao. »Nun mal nicht gleich so aus dem Häuschen«, sagte Mutter milde. »Vater hat heute wieder starke Schmerzen in seinem zerschossenen Bein, da könnt ihr ruhig ein wenig mehr Rücksicht nehmen.«

Zwei Stunden später saßen die Eltern bereits wieder friedlich zusammen auf der Veranda und lauschten den Geräuschen der Nacht. Die Einstellung einer neuen Lehrerin war beschlossene Sache. Als wir zum Gutenachtsagen erschienen, hatte Mutter unseren Vater bereits wieder als Familienoberhaupt aufgeschirrt, und sie brachte uns auf Trab, ihm unseren Respekt zu zeigen.

Angelockt von Mutters groß aufgemachter Anzeige,

ging ihr ein Fräulein Weber ins Netz. In einem dunkelblauen Gabardinemantel, einen Topfhut von der gleichen Farbe auf dem ondulierten Blondhaar, stand sie in unserem Hausflur. Ihr Blick schweifte leicht verstört über die Unordnung von Fußsäcken, Schmierstiefeln, Hundeleinen, Patronentaschen, Wollmützen und Lodenmänteln und blieb erschreckt auf meinem Freund Bruno haften, der sie, seinen Kater auf den Schultern, anstarrte, als sei sie die Roggenmuhme höchstpersönlich. Sein Anblick und der ihres zukünftigen Heims verschlugen ihr die Sprache. Nicht, daß sie gerade ein zweites Sanssouci erwartet hätte, aber doch wenigstens ein für Aristokraten standesgemäßes Landhaus mit Park, marmornen Putten, einem Springbrunnen und einer kiesbestreuten, buchsbaumgesäumten Auffahrt. Ein Haus mit einer Eingangshalle, einem knicksenden Mädchen mit Häubchen und einem würdigen Greis als Diener. Statt dessen befand sie sich in einem schlichten Forsthaus, das weder elektrisches Licht noch fließendes Wasser oder Zentralheizung hatte, dafür abgetretene Kokosläufer, stockfleckige Spiegel, tote Fliegen auf den Fensterbrettern und Altväter-Hausrat.

»Willkommen, willkommen«, rief Mutter mit einer vor Aufregung ganz unnatürlichen Stimme. »Was für ein hübsches Mäntelchen Sie haben – und erst das Hütchen! Sie Ärmste sind sicher bei dem Regenwetter ganz durchgefroren.« Mutter sprach mit ihr wie mit einer Schwachsinnigen. Doch sie ließ mir keine Zeit, mich darüber zu schämen. »Los, Kind«, sagte sie, »zeig dem Fräulein ihr Zimmer. In einer Stunde wird gegessen!«

Das Fräulein wusch sich sorgfältig in der mit Seelilien bemalten porzellanenen Waschschüssel die Hände, seufzte einmal tief auf und schenkte mir einen schrägen Blick: »Du bist also mein jüngster Zögling.«

Es klang abwertend. So, als sei ich eine Quecke im Blumenbeet, die man rupfen mußte. Ich sah ihr zu, wie sie sich das Blondhaar kämmte, sich das Gesicht puderte und die Lippen nachzog. Ich fand, sie sah genau wie die

Frauen auf meinen Oblatenbildchen aus mit ihren vollen, weißen Oberarmen, dem Herzmündchen und den leicht hervorstehenden, vergißmeinnichtblauen Augen.

Sie zog sich den Gürtel ihres Jumperkleides tiefer und tupfte sich Parfüm hinters Ohr. Köstlicher Duft drang mir in die Nase.

»Na, du kleine Landpomeranze«, sagte sie gönnerhaft, »dann laß uns man zu deinen Eltern gehen.«

Bevor der Gong zum Essen ertönte, war Hausbesichtigung. Vera und ich trotteten mit. Bisher hatten wir an unserer Einrichtung nichts auszusetzen gehabt. Aber unter dem verächtlichen Blick des Fräuleins schienen die Gardinen tatsächlich vor Altersschwäche fast von den Messingstangen zu fallen, wirkten die Mahagonimöbel wurmstichig und zerschrammt, verbreiterten sich die Dielenritzen, die mit Staub und allerlei zu Boden gerollten Kleinigkeiten gefüllt waren, zu klaftertiefen Spalten, wurde, was sich seit Generationen angesammelt hatte, zu unnützem Trödelkram. Nur Mutters Flügel fand Gnade vor des Fräuleins Augen: »Bechstein immerhin«, sagte sie und klappte den Deckel zu.

Es gab ihr zu Ehren Aal in Dillsoße und hinterher Weingelee. Sie schien das für ein alltägliches Gutsmenü zu halten, denn sie mampfte den Aal so freudlos, als sei es falscher Hase, und breitete ihre Bildung vor uns aus wie Missionare bunte Perlen vor staunenden Wilden.

Vaters Miene verfinsterte sich mehr und mehr. Beim Mittagessen wurde sonst wenig geredet. Vater, der den Vormittag im Wald gepflanzt, gehackt und Bäume zum Schlagen angezeichnet hatte, war kaum zu geistreichen Tischgesprächen aufgelegt. Als Mutter endlich das Zeichen zum Aufstehen gab, riß es ihn förmlich vom Stuhl, und er flüchtete in sein Arbeitszimmer. Die Stunde nach dem Mittagessen war ihm heilig. Dann hielt er auf seinem alten Leutnantssofa Mittagsschlaf, Gesicht und Hände zum Schutz gegen die Fliegen mit einem Taschentuch bedeckt. Kaum hatte er die Tür zu seiner Höhle geöffnet, stand das Fräulein neben ihm. Vater erschrak furchtbar. »Gertrud«, rief er hilfesuchend, »Gertrud!«

Mutter eilte zu seinem Schutz herbei. Mit bewährter Gattinnenroutine komplimentierte sie die Lehrerin hinaus, ehe sie in Vaters Zimmer Fuß fassen konnte.

Vielleicht hätte sich Vater schneller mit ihrer Anwesenheit abgefunden, wenn ihr unsere Lebensweise mehr zugesagt hätte. Aber Fräulein Weber war durch und durch eine Großstädterin. Natur mußte sich für sie gepflegt und ordentlich präsentieren, mit anständigen Wegen, auf denen man vernünftig laufen konnte und sich nicht die Beine an Brennesseln verbrannte oder über Wurzeln und Löcher stolperte. Sie fand nichts Originelles an Schwalben, die im Klo ihr Nest hatten, so daß man in ständiger Angst lebte, etwas auf den Kopf gekleckert zu bekommen. Sie fürchtete sich vor Mäusen und erschrak vor unserem Haushuhn Küki, das im Flur auf der Suche nach einem geeigneten Nistplatz war. Sie wollte nicht zusammen mit Kühen und Pferden im See baden und von ihnen beglotzt werden. Sie fand das alles einfach gräßlich. Und »gräßlich« war denn auch ihr Lieblingswort. Wenn wir im Jagdwagen durch den Wald fuhren und Vater uns eine Käuzchenfamilie zeigte, die wie kleine Wollknäule auf einem Ast saßen, bewegte sie ihren Kopf mit dem schönen blonden Haar wie eine Schildkröte hin und her und seufzte: »Aber diese Mücken, einfach gräßlich!«

Sie versetzte Mamsell in finstere Wut, weil sie unbedacht ihre Bratkartoffeln als »gräßlich fett« bezeichnete. Lore fiel fast die Treppe hinunter, so eilig hatte sie es, diese Bemerkung an Mamsell weiterzugeben. Daraufhin hantierte Mamsell mit den Töpfen, daß wir es durch den Aufzug bis ins Eßzimmer hörten und Mutter sich für die nächsten Stunden nicht in die Küche traute. Niemals hätte sie eine derart offene Kritik an Mamsell gewagt, die mit dem Hochmut des wahren Künstlers, wenn sie nicht bei Laune war, tatsächlich hin und wieder einen ziemlichen Fraß kochte.

»Ich werd's ihr zeigen, diesem Fräulein Gräßlich«, schimpfte Mamsell, und schon hatte das Fräulein seinen Spitznamen weg.

Vater wiederum nahm es übel, daß sie unser Spielgeld, winzige Zuckereier in grellen Farben, die Vater in großen Mengen auf Vorrat in Berlin besorgte, als »gräßlich unhygienisch« bezeichnete, weil diese während unseres Lieblingsspiels, Mauscheln, von Hand zu Hand wanderten, so daß zum Schluß alles klebte, die Karten, unsere Finger und die Tischdecke, an der wir verstohlen die Hände abwischten.

»Eine richtige alte Jungfer«, sagte Vater grollend, während er den Deckel der Truhe aufhielt, damit Mutter nach ihren verlegten Handschuhen wühlen konnte.

»Aber Alfred, ich finde, sie ist eine sehr attraktive Person.«

Mutter war ganz gütige Vermittlerin, was die Sache eher noch schlimmer machte. »Und eine großartige Lehrerin. Hochbegabt, die hat Verstand!«

»Und wenn sie Kant persönlich wäre«, sagte Vater unbeeindruckt, »dämlich ist sie trotzdem.«

»Schrei doch nicht so.« Mutter legte überflüssigerweise den Finger an den Mund, was Vater haßte.

»In meinem Haus sprech' ich so laut, wie ich will.«

Der Streit wurde durch eine Männerstimme unterbrochen, die »Allseits guten Abend!« wünschte.

Mutter fuhr aus der Truhe hoch, daß sie mit dem Haarnetz an den Eisenbeschlägen hängenblieb. »Sie, Blumenthal? Wir haben sie schon vor acht Tagen erwartet. Wo haben sie nur gesteckt?«

»Mal hier, mal da«, sagte Blumenthal, der sich ungern festlegte. »Wo soll ich anfangen. Im Kinderzimmer?«

»Blumenthal ist da«, rief ich, »Blumenthal ist da!«

»Setz dich gefälligst und mach deine Rechenaufgaben«, befahl das Fräulein ungehalten. »Was gibt es an einem Anstreicher schon Besonderes.«

Aber da irrte das Fräulein. Blumenthal war nicht irgendein beliebiger Maler. Blumenthal war eben Blumenthal und konnte mehr, als Farbe mischen. »Ein hübscher Mann«, sagte Lore, »und so adrett«, ergänzte Mamsell das Lob. »Hat gute Manieren«, meinte Mutter. »Ganz ordentlich soweit«, sagte Vater.

Blumenthal kam in unregelmäßigen Abständen ins Haus geflattert, wie ein Eisvogel an unseren See. Was er die übrige Zeit tat, wovon er lebte, ob er Familie hatte, blieb sein Geheimnis. Der Zufall hatte ihn eines Tages in unser Haus geführt und ihm einen Platz in unseren Herzen eingeräumt. Trotz einer gewissen zur Schau getragenen Emsigkeit war er ein fauler Mensch. Doch darüber sahen wir taktvoll hinweg oder bemerkten es nicht, vor allem Mutter nicht. Wenn Vater sie bei einer ihrer meist recht einseitigen Unterhaltungen mit seinem ewigen »hm, hm« auf die Palme gebracht hatte, kam ihr Blumenthal gerade recht. Sie ging auf einen kleinen Schwatz zu ihm und vergaß Zeit und Stunde. Blumenthal machte es sich dabei bequem und zündete sich ein Pfeifchen an. Zu spät fiel es Mutter dann auf, wie lange er schon seine Arbeit unterbrochen hatte. Wenn sie sich daraufhin hastig erhob und sagte: »Ich halt' Sie mal wieder von der Arbeit ab«, pflegte Blumenthal ihr schamlos den Schwarzen Peter zuzuschieben, indem er bemerkte: »Hab' mich nicht getraut, die Decke weiterzustreichen, wo Sie hier sitzen. Hätt' Ihnen leicht was auf den Kopf kleckern können.«

Ja, zuhören konnte er und darüber hinaus jedem das Gefühl geben, ein angenehmer Unterhalter zu sein. Kein Wunder, daß auch Fräulein Weber diesem Charme erlag, obwohl sie erst herumgetönt hatte, wir seien ja völlig blind, dieser Mann sei ein Hochstapler oder Schlimmeres.

Bald ruhten ihre Augen immer häufiger auf Blumenthals braungebranntem, nacktem Oberkörper und auf seinen beweglichen, flinken Händen.

»Was ist denn mit der?« fragte Vater. »Die hat jetzt so was in den Augen wie 'ne rossige Stute!«

»Sei nicht vulgär«, sagte Mutter.

Selbstverständlich konnte sich das Fräulein als gebildeter Mensch nicht einfach mir nichts, dir nichts in einen simplen Tapetenkleisterer vergucken. So machte sie sich daran, seine Lebensgeschichte ein wenig gefälliger aufzubereiten. Hatten wir gewußt, daß er aus einem Pastorat stammte? Daß seine Eltern starben, als er drei Jahre alt war? Daß er deshalb in einem Waisenhaus aufwachsen mußte? Der arme kleine Kerl!

»Mir haben Sie nie etwas davon erzählt«, sagte Mutter gekränkt zu Blumenthal. Er schenkte ihr einen prüfenden Blick aus seinen melancholischen Klappaugen und tunkte den Pinsel vorsichtig in himmelblaue Farbe. »Was gibt's da zu erzählen. Wenn das Fräulein es glaubt. Ich habe nur gesagt, kann sein, kann auch nicht sein.«

»Auf jeden Fall«, sagte Mutter, ganz Herrin des Hauses, »verbitte ich mir eine Poussage mit dem Fräulein unter meinem Dach.«

Blumenthals Gegenwart schien Fräulein Webers Prinzipien peu à peu aufzuweichen. So badete sie jetzt ohne Anstellerei mit uns zwischen Pferden und Kühen und machte die ersten verbissenen Versuche, sich im Sattel zu halten. Wilhelm Wenzel neben sich, lernte sie kutschieren, wobei sie allerdings beim ersten Mal den halben Gartenzaun mitnahm. Unter Billis Anleitung schoß sie sogar todesmutig mit der Büchse auf eine Konservendose, und der Rückstoß ließ ihre rechte Backe anschwellen, als hätte sie Mumps. Vater betrachtete die Verwandlung mit einigem Mißtrauen, konnte aber nicht umhin, ihr eine gewisse widerwillige Bewunderung zu zollen.

»Unsere Großstadtpflanze macht sich«, sagte er.

»Dafür läßt sie im Unterricht sehr nach«, sagte Mutter zweifelnd. »Wie sollen die Kinder da das Pensum schaffen? Auch ihre Vertraulichkeit Blumenthal gegenüber mißfällt mir.«

»Der Kerl fängt an, sich zuviel herauszunehmen«, sagte Vater, »und pfuschen tut er außerdem.«

»Ach wirklich? Das kann ich eigentlich nicht finden«, verteidigte ihn Mutter.

Nun war Blumenthal ein Mann, der Frauen gern in eine gewisse Unruhe versetzte, es aber dann auch ebenso gern dabei beließ. Die offensichtliche und zielstrebige Zuneigung des Fräuleins, die zunächst seiner Eitelkeit geschmeichelt hatte, wurde ihm erst lästig, dann unheimlich. Nach bewährter Methode machte er sich daher eines Nachts unbemerkt auf sachten Socken aus dem Staube. Zurück blieben eine erst zur Hälfte gemalte Küche, ein farbverschmiertes Oberhemd und ein fassungsloses Fräulein.

»Siehste«, sagte Vater voller Schadenfreude, »da habt ihr nun euren herrlichen Blumenthal.«

»Sag nicht ihr, wenn du mich meinst.« Mutter war pikiert.

Am selben Tag zeigte sich Vater zu unserer großen Verblüffung dem Fräulein gegenüber plötzlich von der galantesten Seite. Er entwickelte seinen ganzen Waldschratcharme, bot ihr beim Abendbrot fleißig Rotwein an und drängte sie wieder und wieder, noch »einen Happen« zu essen. Wir kratzten unsere Mückenstiche vor Verlegenheit, und Mutter lächelte gezwungen. Dem Fräulein war nicht anzumerken, was sie von seiner Freundlichkeit hielt. Gram umhüllte sie wie Luchnebel, und sie starrte auf ihren Salatteller, als kringle sich dort ein Regenwurm.

Nach dem Essen spielten wir wieder einmal Mauscheln. Es wurde ein aufregendes Spiel. Noch nie waren die Ostereier so oft von einem Teller auf den anderen gewandert. Sie verloren Glanz und Farbe, wurden grau und unansehnlich. Wir wurden nicht ins Bett geschickt. Wir spielten, bis das Petroleum in der Lampe zu Ende ging und der Docht zu blaken begann. Fräulein Weber wurde die große Gewinnerin.

»Glück im Spiel«, scherzte Vater, »Ungl...«

»Alfred!« warnte Mutter.

Fräulein Weber schien seine Bemerkung überhört zu

haben. Neidlos sahen wir zu, wie sie ihre Schätze zählte. Keine Frage, daß sie uns ihre unappetitliche Beute wie gewöhnlich überlassen würde. Wir hatten uns geirrt. Sie steckte eins der Eier in den Mund und zerbiß es, knurps, knurps. Vater machte ein Gesicht, als werde er vor Freude gleich in die Hände klatschen.

»Schmecken gut, nicht?« fragte er erwartungsvoll.

Ihre Blicke kreuzten sich. Einen Augenblick war es so still, daß man vom Bücherschrank her das Nagen einer Maus hörte. Der Mund des Fräuleins, schon zum »Gr...« geöffnet, schloß sich wieder.

»Vorzüglich«, sagte sie – und nach einer kleinen Pause noch einmal: »Wirklich vorzüglich.«

Dann stand sie auf und verließ mit ihrem Gewinn das Zimmer. Vater sah ihr mit einem gewissen Glitzern in den Augen nach. »Eine attraktive Person.«

»Also das nun wirklich nicht«, widersprach Mutter, »bei den Basedowaugen.«

»Deine Worte, hast du selbst gesagt«, sagte Vater mit falscher Sanftmut.

5

Geh aus, mein Herz

»Grafens Lore, das ist eine«, schwärmten die Bauernjungen.

»Die hat doch noch nie 'ne Mistgabel in der Hand gehabt. Was kannse schon, als schöne Augen machen und den Hintern schwenken, die halbe Pollacksche«, dämpften die Mütter die Begeisterung ihrer Söhne.

Aber Lore konnte viel mehr. Abgesehen davon, daß sie noch mit dem nassesten Holz die Öfen in Gang bekam, Vaters Hemden mit dem Bolzeneisen tiptop bügelte und das Familiensilber mit Spiritus und Pariser Rot spiegelblank putzte – sie konnte Schiffchen und Helme falten, unseren Teddys und Puppen elegante Kleider nähen, im Stabilbaukasten mit einem Griff die richtige Schraube finden und uns Gruselgeschichten vom Zopfabschneider erzählen, daß wir schreiend aus dem Schlaf fuhren.

»Proper, proper«, sagte Onkel Karl, wenn sie vor ihm die Treppe hinunter tänzelte, und erhöhte das Trinkgeld. Ja, Lore war eine richtige Zuckerpuppe mit ihren blonden Haarschnecken und Augen so blau wie der Stein in Mutters Siegelring. Was Lore auch tat, das Klo scheuern, Teppiche klopfen, Fenster putzen – Dreck schien an ihr abzugleiten wie Regen von unseren Schmierstiefeln. Kein Trauerrand unter den Fingernägeln, kein Schweißgeruch. Stets wirkte Lore, als hätte sie gerade ein Bad genommen. Jeder Mann zwischen achtzehn und achtzig war hinter ihr her. Lore ließ das kalt. Sie wußte, was sie wert war, und machte sich rar.

»Hoch hinaus will die«, zerriß man sich im Dorf das Maul. »Sollse doch 'n Grafen heiraten, aber Hochmut...« Was jedoch die Verehrer nicht davon abhielt, in der Nacht um unser Haus zu schleichen, vor ihrem Fenster zu pfeifen und mit der Taschenlampe ins Zimmer zu leuchten. Vergebens rief Mutter sie zur Ordnung – »Ich verbitte mir das vor meinem Haus!« –, bedrohte Vater sie aus dem Schlafzimmer mit der Flinte: »Verschwindet, sonst knallt's!«

Doch dann begann Lore sich zu verändern. Sie tunkte beim Servieren den Daumen in die Soße, starrte in die Luft und lächelte ins Leere.

»Na, Lore«, sagte Mutter milde, »wie heißt er denn?« Lore kicherte statt einer Antwort.

»Es ist Emil vom See«, sagte ich unbedacht.

Lore, die mir gerade die Kartoffeln anbot, kniff mich mit der freien Hand in den Rücken. Ich gab einen lauten Schrei von mir.

»Was ist denn nun schon wieder«, sagte Vater, den ich furchtbar erschreckt hatte.

»Eine Wespe«, stotterte ich.

»Kein Grund, so loszubrüllen.«

Mutter jedoch verfolgte bereits mit gewohntem Eifer die von mir gewiesene Fährte.

»Wohnt der noch da draußen?« fragte sie, als wüßte sie nicht genau, daß Emil dort seit zwei Jahren lebte. »Wenn der man nicht schon verheiratet ist und irgendwo Familie hat. Man hört da ja so allerhand.«

Lore, durch ihre Liebe immun gegen jeden Versuch, ihren Freund zu verdächtigen, lächelte weiter wie Kloses Baby, wenn es seinen Nuckel mit Mohn und Sirup beschmiert bekommen hatte.

»Sehr fleißiger Mann«, kam ihr Vater zu Hilfe. »Holen Sie mir mal 'ne Flasche von dem Mosel, der gestern gekommen ist.«

Als Lore das Zimmer verlassen hatte, sah Vater Mutter mißbilligend an. »Warum läßt du sie nicht in Ruhe? Es ist schließlich ihre Privatsache, wen sie als Freund hat.«

»Bitte, bitte.« Mutter war beleidigt. »Aber gib mir nicht die Schuld, wenn sie ankommt und behauptet, sie hat sich überhoben, und in neun Monaten haben wir die Bescherung. Und ...«

»... über Aachen platzt der Hund«, sang Vater.

»Hör auf mit deinen Albernheiten«, sagte Mutter.

Emil vom See gehörte nicht in unsere Gegend. Er war mit niemand im Umkreis verwandt oder verschwägert. Er wurde eines Tages von Brümmerstedt aufgespürt. Der Fischer war gerade dabei, seine auf dem See ausgelegten Aalpuppen wieder einzusammeln, als er entdeckte, wie sich Rauch aus dem Schornstein einer leerstehenden Fischerkate kringelte. Die baufällige Kate lag nicht weit vom Ufer, versteckt zwischen Birken und Schilf, und gehörte der Gemeinde. Neugierig ruderte er zu der kleinen Bucht.

Emil, den Mund voller Nägel, war gerade dabei, den Zaun zu richten.

»Wohnen Sie jetzt hier?« fragte Brümmerstedt.

»So isses«, sagte Emil, »hab's von der Gemeinde gemietet. Wie isses mit 'm Köm?« Brümmerstedt sagte nicht nein.

»Wennse mal Hilfe brauchen«, bemerkte Emil beiläufig, als sich Brümmerstedt verabschiedete, »vom Fischen versteh' ich was.«

»Is 'n Wort«, sagte Brümmerstedt erfreut, löste die Kette und schob den Kahn an.

Und so wurde der Fremde sein Gehilfe, flickte Reusen, schuppte Fische, wickelte Aalpuppen und legte Netze aus. Seinen Lohn kassierte er in Naturalien. Er holte sich von dem Fischer, was er brauchte, Milch und Eier, Butter und Mehl, Hühnerfutter und Heu für die Karnickel. Unter seinen geschickten Händen verwandelte sich das verwilderte Grundstück mit seinen Karnickellöchern und Disteln in »eine Zierde der Landschaft«, wie Lehrer Scheel es bezeichnete. Die Heckenrosen blühten üppig, und die Sonnenblumen am Zaun überragten Binsen und Rohrkolben und leuchteten den Paddlern schon von weitem entgegen. Sorgsam säuberte er die Kate von allem, was sich an Unrat angesammelt hatte: Mäusedreck und

Kakerlaken, Spinnen und toten Fliegen, die massenweise auf den Fensterbrettern lagen. Er kalkte die Wände der drei kleinen Zimmer, strich das spärliche Mobiliar, das sein Vorgänger zurückgelassen hatte, besserte das Dach aus und versah den Lehmfußboden mit Holzdielen.

Im Dorf ließ er sich nur blicken, wenn er etwas vom Krämer brauchte, was Neugier und Klatsch aufs angenehmste wachhielt. Gerüchte gingen reichlich um. Emil war ein Politischer. Emil kam aus einer Klapsmühle. Emil hatte das Zweite Gesicht. Emil hatte irgendwo eine Frau und zehn Kinder und hatte sich dünnegemacht. Emil konnte, so die Mütter, eine Rotzgöre wie Annelise Reimers glatt in ein Wildschwein verwandeln.

Am Stammtisch der »Perle des Westhavellandes« beichtete der Bürgermeister bedripst, daß er Emil das Haus gegeben hatte, ohne ihn nach seinen Papieren zu fragen. Sogleich wurde der Landjäger zur Amtsperson und tadelte ihn: »Paule, Paule, nur um ein bißchen Geld in die Gemeindekasse zu kriegen, tuste nich, was deine Pflicht gewesen wäre. Immer machste solche Sachen. Nich mal die Stempel haste unter Verschluß. Deinen Fritze hab' ich neulich erwischt, wie er damit die Wände vom Kuhstall gestempelt hat. Wirst dich noch um Amt und Würden bringen. Is doch kein Spielzeug, so 'n Amtssiegel.«

Gleich am nächsten Tag machte sich der Gendarm auf den Weg, um nach dem Rechten zu sehen. Aber er traf Emil nicht an. Dafür kam Brümmerstedt gerade des Wegs geradelt. Da hielt er sich an den, der war schließlich fast täglich mit ihm zusammen. »Papiere?« sagte Brümmerstedt. »Müßte lügen, wenn ich sagte, daß ich sie gesehen habe. Aber daß er welche hat, dafür verbürg' ich mich.« Dann lobte er Emils Fleiß und klärte den Landjäger über alles auf. Emil war im Ersten Weltkrieg schwer verwundet worden. Lungenschuß. Deshalb brauchte er viel frische Luft und war aufs Land gezogen. Sogar das Eiserne Erster besaß er. Wer das bekommen hatte, mußte ein

Ehrenmann sein, ein richtiger Held war das ja. Der Landjäger nickte zustimmend. »Im Augenblick isser zu seiner Mutter nach Berlin gemacht. Die is wohl schon ziemlich hinfällig.«

Beruhigt kehrte der Landjäger ins Dorf zurück. Nachdem er alles erzählt hatte, nahm das Gerede eine andere Richtung. Drei Tage und drei Nächte hatte Emil verwundet in einem Granattrichter voller Wasser gelegen – und die Ratten seinen Rücken immer rauf und runter, immer rauf und runter. Emil war ein Geheimer, der als Fischer getarnt die Gegend ein bißchen beobachten sollte. Eingebrochen wurde ja in letzter Zeit genug. Auf einem Hof war der Bauer dabei sogar mit der Axt erschlagen worden. Wer Emil jetzt im Wald begegnete, begrüßte ihn voller Hochachtung. Das bißchen Holz, das man so aus dem Stadtforst wegholte, würde er wohl nicht gleich nach »oben« melden.

Lore und mich erschreckte er eines Tages beim Pilzesammeln fast zu Tode, so unvermutet stand er vor uns. Lore kreischte laut auf.

»Ich bin's doch bloß, der Emil«, versuchte er uns zu beruhigen.

Wir musterten ihn erleichtert, aber weiterhin etwas mißtrauisch. Er sah ganz anders aus, als ich ihn mir vorgestellt hatte. Er war einen Kopf kleiner als Lore und hatte so etwas Zartes, Glattes, daß sein Alter schwer zu schätzen war. Er lachte Lore an: »Ich werd' Ihnen mal 'ne gute Pilzstelle zeigen, hier lohnt sich das Bücken ja nich.«

Folgsam krochen wir hinter ihm her durch das dichte Unterholz, bis wir zu einer kleinen Lichtung kamen, auf der tatsächlich reichlich Pilze zu finden waren. Er half uns beim Sammeln und lud uns dann ein, in seinem Häuschen vor dem Heimweg ein wenig auszuruhen. Lore zupfte sich unschlüssig die Kiefernnadeln aus dem Haar. »Mach doch«, drängelte ich, »wir haben ja noch Zeit.«

»Immer deine ewige Quengelei«, sagte Lore. »Aber meinetwegen.«

So begleiteten wir Emil zu seinem Grundstück. Er schleppte drei Stühle in die kleine Laube hinter dem Haus, kochte uns zu Ehren Bohnenkaffee, schmierte einen Teller voll Schmalzstullen und stellte ein Weckglas mit Sumpfdotterblumen auf den kippeligen Gartentisch. Da saßen wir nun, kauten verlegen unsere Stullen und musterten uns schweigend gegenseitig, von einer sanften Brise angenehm gekühlt.

»Schöner Tag heute«, eröffnete Lore schließlich das Gespräch und nahm einen Schluck aus ihrer Tasse.

»Kann man sagen«, pflichtete ihr Emil bei und fummelte verstohlen an seinem obersten Hosenknopf herum, der nur noch an einem Faden hing. Dann blickten wir wieder in unsere Tassen. Auf dem See piepsten Wasserhühner, und Rohrspatzen sangen um die Wette.

»Willste nich 'n bißchen im Kahn spielen«, sagte Lore, offensichtlich bestrebt, mich loszuwerden.

»Vielleicht soll ich mir noch 'n Kranz aus Butterblumen flechten«, sagte ich gekränkt.

Emil lachte. Es war ein angenehmes, vertrauenerweckendes Lachen. »Kannst auf 'n See rudern, wennde willst«, bot er mir an. »Ruder liegt im Schuppen.«

»Und wennse ins Wasser fällt oder der Kahn umkippt?« fragte Lore etwas ängstlich.

»Die doch nich.« Emil zwinkerte mir zu.

Ich war geschmeichelt. Sonst durfte ich nur mit einer alten Blechbüchse auf dem Rücken aufs Wasser, die im Notfall die Dienste einer Schwimmweste versehen sollte. Es war eine der ausgedienten Bonbonbüchsen, die Mutter dem Krämer abgekauft hatte. Sie ließ vom Schmied an jede zwei Ösen nieten, durch die man einen Riemen ziehen konnte. Mutter war sehr stolz auf ihre Idee und pries sie allen anderen Müttern an. Sie achtete streng darauf, daß wir die Büchsen nicht zu Hause vergaßen, wenn wir zum Angeln gingen. Es war tatsächlich unmöglich, damit unterzugehen; aber wir schämten uns vor den anderen Kindern, weil das Blech, wenn es sich in der Sonne dehnte, lauter als ein Gewehrschuß knallte.

Ich ruderte der Sonne entgegen, fast bis zum Rhin. Erst als ich vom anderen Ufer die Stimmen der Frauen hörte, die auf den Koppeln nach den Kühen zum Melken riefen, merkte ich, wie spät es geworden war. Ich kehrte um und mühte mich ab, gegen den Wind voranzukommen. Man schien mich jedoch nicht vermißt zu haben. Noch immer saß Lore mit Emil wie angenagelt am gleichen Platz, nur daß sie jetzt miteinander redeten und lachten. Ich beobachtete sie eine Weile von der Anlegestelle aus und sah, wie er ihren Unterarm streichelte, den sie auf den Tisch gelegt hatte. Ich fühlte mich ausgeschlossen. Na, wartet nur, dachte ich und schlich mich auf leisen Sohlen an, um sie ordentlich zu erschrecken. Als sie mich bemerkten, zuckten sie jedoch keineswegs zusammen, sondern verstummten nur. Lore zog ihre Hand vom Tisch, putzte gleichgültig an mir herum und fragte ohne Interesse: »War's schön?« Ich ärgerte mich. »Willste hier Wurzeln schlagen?« fragte ich patzig. »Die haben bestimmt schon zu Haus mit 'm Abendbrot angefangen.«

»Na, wenn schon.« Lore dachte nicht daran, sich von mir dumm kommen zu lassen. »Ich hoffe, du hast den Kahn wieder richtig festgemacht und das Ruder da hingebracht, wo es hingehört.«

Wir machten uns auf den Heimweg. »Daß du mir ja den Mund hältst«, warnte sie mich, ehe wir in den Hof einbogen.

Seitdem traf Lore sich regelmäßig mit Emil, und nun, da Mutter Bescheid wußte, kam Emil auch häufiger zu uns. Er saß mit Lore und Mamsell in der Küche und spielte mit meiner Schwester Vera und mir ›Mensch, ärgere dich nicht‹. Lore wäre gern mal mit ihm ausgegangen, ins Kino oder zum Tanz, aber davon wollte er nichts wissen. »Wenn er doch bloß nich so schwerfällig wäre«, beklagte sie sich bei Mutter. »Der Mensch will ja auch mal was vom Leben haben.«

Dann verlobten sie sich. Stolz zeigte uns Lore den Ring, den er ihr geschenkt hatte. Er war für dörfliche Verhältnisse recht ungewöhnlich, ein Goldreif mit einer kleinen, türkisbesetzten Goldplatte, die sich öffnen ließ. »Mach mal auf«, verlangte ich. Ein winziges Kleeblatt aus grüner Emaille kam zum Vorschein.

»Feinste Juwelierarbeit«, sagte Mutter. »Wo er den wohl her hat?«

»Von seiner Mutter«, erklärte Lore. »Sie hat mal früher bei einer reichen Dame im Haus gearbeitet, und die hat ihr 'ne Menge fabelhafte Sachen vermacht.«

Lore begann, Zukunftspläne zu schmieden. In die olle Hütte am See wollte sie nicht ziehen, das stand fest wie das Amen in der Kirche. Da wäre sie ja nichts Besseres als Lumpensammlers Lieschen. Nein, sie wollte nach Berlin. Sie würde schon Arbeit finden, und Emil konnte ja wie früher kellnern. Aber Emil hatte es mit dem Heiraten nicht eilig. Zwei Sommer vergingen, und noch immer war unsere Lore Braut. Sie wurde spitznasig und grämlich.

»So geht das nicht weiter«, sagte Mutter. »Was denkt der eigentlich, wer er ist? Er kann froh sein, daß ihn unsere Lore überhaupt anguckt. Ich werd' ihn mir mal vorknöpfen.«

»Wenn das man gutgeht«, unkte Vater. Doch Mutter ließ sich ihren Entschluß nicht ausreden. Im Einspänner fuhren Mutter und ich zu Emils Haus. Er war gerade dabei, den Kahn zu teeren.

Natürlich fiel Mutter nicht gleich mit der Tür ins Haus. Sie bewunderte den Garten, den »himmlischen« Blick über den See, fragte ihn nach Brümmerstedt, erkundigte sich nach seiner Mutter und ließ sich von ihm ein paar Ableger seiner Herbstastern abstechen. Vorsichtig näherte sie sich dem heiklen Thema. Als Emil endlich begriff, worauf sie hinauswollte, richtete er sich, die Ableger in der Hand, auf. Seine liebenswürdige Miene war verschwunden, und mit funkelnden Augen sagte er so laut, daß die Amsel im Flieder erschreckt zu zetern begann: »Das geht Sie einen Scheißdreck an.«

»Wie bitte?« sagte Mutter, völlig aus dem Konzept gebracht. »Erlauben Sie mal!«

»Ihnen erlaub' ich gar nischt«, schrie der sanfte Emil mit wütendem Gesicht. »Und nu raus!«

Mutter hatte mehr Schneid als ich. Ich war schon davongewetzt, hatte die Zügel vom Zaun gebunden und war auf den Wagen gesprungen. Nicht so Mutter. »Was fällt Ihnen ein!« fuhr sie Emil an. »Spielen Sie hier nicht den wilden Mann!« Dann drehte sie sich um und ging summend und eine Margerite zupfend langsam zum Wagen. Ich hatte schreckliche Angst, Emil könnte ihr die Asternstaude ins Kreuz schmeißen oder sie in die Brennnesseln schubsen. Statt dessen ging er mit langen Schritten zu seinem Kahn zurück.

»Na, dann wolln wir mal.« Mutter tat so, als sei nichts passiert. Aber an der Art, wie sie sich auf dem Sitz zurechtruckelte, merkte ich, daß sie kochte. Natürlich war sie weit davon entfernt, Vater gegenüber ihre Niederlage zuzugeben. »Ich glaube, er wird es sich überlegen«, sagte sie zu ihm.

Zu Mutters und meinem Erstaunen war das tatsächlich der Fall. Das Aufgebot sollte bestellt werden. »Nun werd' ich auch seine Mutter bald besuchen«, verkündete uns Lore stolz. Doch dazu sollte es nicht mehr kommen. Emil erschien bei uns mit einem Trauerflor am Jackenärmel. »Ihre Mutter?« fragten wir. Emil nickte.

»Mein herzliches Beileid«, sagte Mutter, die sich wieder mit ihm ausgesöhnt hatte. »Traurig, daß sie unsere Lore nicht mehr kennenlernen konnte.«

»Was hätte sie für Freude an meiner Loremaus gehabt«, sagte Emil mit erstickter Stimme.

»Lassen Sie sich von Mamsell einen ordentlichen Kaffee geben«, sagte Mutter mitfühlend. »Sie sehen ja ganz blaß aus.«

Emils Schmerz wurde jedoch durch einen reichlichen Batzen Geld gemindert, den ihm seine Mutter vererbt hatte. Lore war ganz aus dem Häuschen über diesen unvorhergesehenen Reichtum. Sie ergriff den Bernhardiner bei den Pfoten und tanzte mit ihm durch die Küche. »Ein Benehmen is das, direkt pietätlos«, tadelte Mamsell. Neid lag in ihrer Stimme.

Jetzt zeigte sich Emil auch bereit, die Kate aufzugeben. Aber Kellnern kam nicht in Frage. So eine miese Arbeit wollte er nicht, da bekam man ja auf die Dauer Plattfüße. Das Geld reichte, um einen kleinen Fischladen in der Kreisstadt aufzumachen. Von Fischen verstand Emil was, und wenn die Hausfrauen mal keine Lust auf Barsche, Schleie und Hechte hatten, dann war ja noch das Krankenhaus und das Hotel da, das man beliefern konnte.

»Die Fische krieg' ich von Brümmerstedt, und wenn das Geschäft mal ganz schlecht geht, arbeite ich zwischendurch bei ihm.«

Lore zog eine Schippe. »Och, so 'n oller Fischladen«, maulte sie. »Da stinkt ja alles nach.« Sie wollte viel lieber einen Laden mit Weißwaren haben. Aber Emil blieb fest, und Lore gab nach.

Der Frühling kam. Der von Lore festgesetzte Hochzeitstermin rückte näher, und es wurde höchste Zeit für das Aufgebot. Ostern lag diesmal sehr früh, so daß wir die Ostereier bei Schneeschauern im »Park« suchten. Danach fuhren die Eltern mit Billi und Vera noch ein paar Tage zu Verwandten. Mamsell hatte Urlaub genommen, und auch Fräulein Weber, unsere Hauslehrerin, hatte uns für eine Woche verlassen. Ich hatte gerade Keuchhusten gehabt und sollte deshalb zu Hause bleiben. Mir war's nur recht. Ohne die Familie war es viel gemütlicher, da konnte man auf dem Klavier klimpern, soviel man wollte, in der Küche essen, Vaters Schreibtisch durchschnüffeln, sich unbemerkt im Keller über das Erdbeerkompott hermachen und sich morgens ungewaschen im Bett anziehen. Aber Lore streikte. »Nee, nee«, sagte sie, »wo jetzt so viel eingebrochen wird, bleib' ich hier nich allein. Nachher schneidet mir so 'n Kerl noch die Gurgel durch.«

»Möpschen ist ja auch noch da«, versuchte Vater sie umzustimmen.

»Der ist gerad 'ne große Hilfe«, sagte Lore verächtlich. »Der kriecht ja schon beim kleinsten Gewitter unters Bett.«

»Dann muß eben Ihr Emil her«, sagte Vater, und Lores Augen funkelten triumphierend, denn sie hatte erreicht, was sie wollte.

Emil bezog das Zimmer neben dem Klo, und als der Wagen mit Eltern und Geschwistern vom Hof fuhr, rief Mutter Lore zu: »Nicht vergessen, die Haustüren abzuschließen – und Lore, keine Liederlichkeiten!« Was immer das bedeuten sollte.

Lore grinste und tippte sich an die Stirn, als wir ins Haus zurückgingen. Sie war sehr leutselig mit mir und sagte nichts, als sie mich mit Mutters Gesundheitsbuch ›Die Frau als Hausärztin‹ erwischte. Sie rief Emil, beide vertieften sich in die Abbildungen und lachten sich halb scheckig. Sie gaben mir Punsch zu trinken, und Emil kraulte Lore das Haar und fragte mich: »Haste schon 'n Freund?« Lore gab mir keine Zeit, darauf eine passende Antwort zu finden. Sie schob mich aus der Küche. »Los, ins Bett mit dir, in fünf Minuten komm' ich kucken, ob du dich auch gewaschen hast.«

In der Nacht wurde ich durch ein Geräusch wach. In meinem Zimmer war es stockdunkel, kein Licht drang durch die Fensterläden, es mußte Neumond sein. Das Geräusch kam vom Hof her. Ich hörte die Pferde erschreckt wiehern und in den Boxen stampfen. Ich rief ängstlich nach Lore, und schließlich erschien sie auch gähnend, eine Kerze in der Hand.

»Hör doch mal«, sagte ich aufgeregt, »da is jemand im Stall.«

Lore lauschte. Jetzt übertrug sich die Unruhe auch auf den Kuhstall, die Kühe begannen zu brüllen. »Du bleibst im Bett«, befahl Lore. »Ich sag' Emil Bescheid.«

Nach einer Weile hörte ich sie auf dem Flur flüstern. Ich öffnete die Tür einen Spalt und sah Emil, Vaters Büchse in der Hand, zur Tür gehen. »Bleib hier«, hörte ich Lore flehen, »laß den Quatsch.« Emil hörte nicht auf sie.

Ich zog mich schnell an und fuhr vor Aufregung falsch herum in mein Matrosenkleid. Ich tastete mich über den dunklen Flur auf die Veranda, wo ich Lore fand. Dann hörte ich Emils Stimme: »Stehengeblieben!« – und einen Schuß. Wir rannten auf den Hof. Neben der Pumpe im Lichtkegel von Emils Taschenlampe lag ein Mann. Blut tropfte ihm aus dem rechten Bein, und er sagte, fassungsloses Erstaunen in der schwachen Stimme: »Menschenskind, ick wollte doch bloß ...« Dann wurde er ohnmächtig. Emil stand da, das Gewehr in seiner Hand zitterte, und er sagte völlig verstört: »O Gott, o Gott, so 'ne Scheiße auch!« Lore tröstete ihn und meinte: »Is ja selbst schuld, der Kerl.«

Ich wurde zu Wilhelm Wenzel, dem Stallknecht, geschickt. Weil Emil nicht mehr imstande war, auf den Einbrecher aufzupassen, und sich ins Klo verzogen hatte, hielt Wenzel das Gewehr auf den Mann gerichtet, während dieser von Lore verbunden wurde. Dann sperrten sie ihn in die Waschküche, und Wilhelm Wenzel radelte ins Nachbardorf, um den Landjäger zu holen. Ich wurde von Lore wieder ins Bett geschickt.

Als ich zum Frühstück in der Küche erschien, war es elf Uhr vorbei und der Einbrecher vom Landjäger bereits abgeholt.

»Wo is denn Emil?« fragte ich und fischte die Haut von meinem Kakao.

»Dem is eingefallen, daß er sich mit Brümmerstedt treffen sollte.« Lore war ganz aufgekratzt, teils, weil der Landjäger ihren Emil einen »tollen Burschen« genannt und etwas von einer Belohnung angedeutet hatte, teils vor Übermüdung.

Gleich nach dem Mittagessen machte sie sich mit mir auf den Weg zu ihrem Bräutigam, um ihm zu bestellen, der Landjäger brauche ihn als Zeugen. Während wir durch den Wald radelten, beschrieb Lore mir ihr Hochzeitsessen, daß mir das Wasser im Mund zusammenlief. Kuchen würde es natürlich auch geben. Alles, was ich wollte. Bienenstich, Streuselkuchen, Zucker-, Kirsch- und Apfelkuchen. Dann sangen wir zweistimmig ›Es klappert die Mühle am rauschenden Bach‹ und ›Geh aus, mein Herz, und suche Freud‹. Dazu hämmerte ein Specht wie verrückt, und es roch würzig nach Harz und frischgepflügter Erde. Vor Emils Häuschen stiegen wir ab und lehnten die Räder an den Zaun.

»Emil!« rief Lore fröhlich. »Wo biste?« Niemand antwortete.

»Weit kann er nich sein.« Ich deutete auf den Kahn an der Anlegestelle. »Und sein Rad steht da drüben.«

Wir gingen singend durch die Küche in die gute Stube, und da sahen wir vor dem Fenster zwei Füße in Männerschuhen baumeln. Lore blieb stocksteif stehen. ›Geh aus, mein Herz …‹ wiederholte sie mit schwacher Stimme, dann wurde sie ohnmächtig. Ich ergriff schreiend die Flucht. An dem Erhängten vorbei rannte ich zu meinem Rad. Aber die mir eingebleute Selbstdisziplin zwang mich zur Umkehr.

Schritt für Schritt ging ich den Weg zurück, bis ich wieder bei Lore war. Sie saß auf dem Fußboden, hatte einen Schluckauf und wimmerte: »Warum hat er das getan, warum?« Ich zerrte sie hoch, ängstlich bemüht, nicht auf die baumelnden Füße zu sehen. »Komm weg hier, komm weg hier«, schrie ich auf sie ein. Lore folgte mir wie in Trance.

Für sie begann nun das eigentliche Drama. Sie wurde von der Polizei verhört, die nicht glauben wollte, daß sie nichts von Emils Doppelleben gewußt hatte. »Aber wenn der Einbrecher auf dem Hof ein Kumpel von ihm war, warum hat er dann auf ihn geschossen?« verteidigte Lore ihn und sich.

»Tja, warum«, sagte der Kriminalbeamte.

»Gut, daß seine arme Mutter das nicht mehr miterlebt hat«, sagte Mutter.

»Was für 'ne Mutter?« fragte der Landjäger.

»Aber er hatte doch ein Zuhause«, sagte Mutter.

»Wenn Sie das Zuchthaus in Plötzensee so bezeichnen wollen.« Der Landjäger zuckte die Achseln.

»Hat dich denn keine innere Stimme gewarnt?« fragte ich in Frau Brümmerstedts Tonfall, die es sehr mit inneren Stimmen hatte, als Lore, von Wasen umwölkt, in der Waschküche kleine Wäsche wusch. Sie blickte mich aus grellen Augen an. »Kannst gleich 'n nassen Socken um die Ohren haben«, sagte sie so wild, daß ich mich verzog.

Lore heiratete ein paar Jahre später doch noch. Einen Reisenden in Fetten und Ölen, der schon lange ein Auge auf sie geworfen hatte.

»Auch ein sehr ordentlicher Mann«, sagte Vater.

6
Die Augenweide

In der Verwandtschaft hieß sie die »wilde Emma«. Mutter nannte sie ein »enfant terrible« und Vater eine »Augenweide« oder, wenn er Mutter ärgern wollte, »den Lichtblick deiner Familie«. Über ihr Aussehen ging die Familienmeinung sehr auseinander. Eine Schönheit im landläufigen Sinne war sie nicht. Sie war ziemlich klein, hatte eine schlanke Taille, aber recht breite Hüften, und die winzige Nase über dem breiten Mund mit den kräftigen Zähnen gaben ihr etwas von einem erstaunt blickenden Mops. Sie schmückte ihre kleinen, pummeligen Hände mit den nadelspitz gefeilten, auf Glanz polierten Fingernägeln gern mit vielen Ringen, was für ein junges Mädchen als ordinär galt.

Aimée, wie sie sich nennen ließ, war unsere jüngste Tante, und die Geschichten, die man sich bei den Familienzusammenkünften über sie erzählte, fanden auch wir Kinder hochinteressant, während wir bei den üblichen Gesprächen, wie: »Legen deine Hühner noch«, und: »Was zahlst denn du deiner Köchin« bei Tisch das große Zappeln bekamen.

Da gab es die von dem stoffeligen Baron aus Hinterpommern, der mit seiner Mutter, einer verwitweten Exzellenz, in einer Landschaft, die platt war wie ein Eierkuchen, und in einem Landhaus lebte, in dem aus Sparsamkeit kein Ofen vor November geheizt wurde. Seine Leidenschaft für Aimée fand bei ihr kein Echo. Für sie war er ein tölpelhafter langweiliger Mensch, der wie ein Kartoffelsack in den Sesseln herumhing, weder Walzer noch Tango tanzen konnte und sich selbst im Theater nicht von seinem grünen Lodenanzug trennte. Sie taufte ihn deshalb die »Grüne Joppe« und versetzte ihn gefühllos, wenn sie sich mit ihm verabredet hatte. Schadenfroh beobachtete sie, hinter der Gardine versteckt, wie er vergeblich an der Haustür klingelte, obwohl ihre Vermieterin, eine Witwe mit besseren Tagen, sagte, sie trete ihr Glück mit Füßen, und warnte: »Ach wie bald, ach wie bald...« Doch Tante wollte nicht an die Zukunft denken, die war ihr schnurz, und so kehrte denn die Grüne Joppe schließlich entmutigt wieder in sein Dorf zurück. Unrasiert und verzweifelt betrat er das Zimmer seiner Mutter, die gerade über einer Patience brütete. Die Exzellenz musterte ihn besorgt und fragte: »Was ist, hat die Bank die Hypothek gekündigt?«

»Ach, wenn es das nur wäre«, sagte gleichgültig ihr sonst so gewissenhafter Junge, ließ sich in einen Stuhl fallen und stöhnte: »Sie will mich nicht, sie will mich nicht.«

»An der hast du nun wirklich nichts verloren«, sagte Exzellenz aufgebracht und schmiß die Karten zusammen. »Mädchen solcher Sorte heiratet man doch nicht.«

»Dabei ist der alte Drache nicht mal eine ›geborene‹, sondern nur eine ›gewisse‹.« Mutter war jedesmal wieder aufs neue in ihrer Familienehre gekränkt, wenn die Rede darauf kam.

Aimées Vater war im Ersten Weltkrieg gefallen. Mutter und Tochter lebten von einer bescheidenen Offizierspension. Lange Zeit hatte sich Aimées Mutter über ihre extravagante Tochter gegrämt, bis sie es satt bekam, von der Verwandtschaft abwechselnd bedauert oder belehrt zu werden.

»Meine Emma ist eben nicht so wie eure Töchter mit Perlenketten und Siegelringen und Schuhen à la Potsdam. Meine Emma, die hat Pfiff«, verteidigte sie ihr Kind. Tatsächlich wurde über Aimée so viel geredet und sich entrüstet, daß man sich auf den Familientagen um sie riß.

Wo sie auftauchte, war etwas los, auch wenn sie nichts Besonderes anstellte. Sie ging mit Onkel Karl in Berlin in den »Wintergarten«, und schon platzte während der

Wasserpantomime das Becken. Die Ballettmädchen wurden ins Orchester geschwemmt, und Onkel und Aimée saßen bis zu den Knien im Wasser. Das Glanzstück war ihr Auftritt bei einer Oberin im Krankenhaus, wo sie sich als Kinderschwester vorgestellt hatte. Die wilde Emma mißfiel der Oberin gründlich. Schon die Art, wie sie ihr die Zeugnisse präsentierte, regte sie auf. Mit einer verächtlichen Handbewegung fegte sie die Mappe auf den Fußboden und sagte: »Lernen Sie erst mal, wie man sich bewirbt.«

Aimée sammelte die herausgefallenen Papiere wieder ein, erhob sich und sagte: »Wissen Sie was, Sie können mich mal.«

Noch nie in ihrem ganzen Diakonissenleben hatte die Oberin solche Worte aus dem Munde einer Schwester gehört, aber sie zeigte sich Aimée gewachsen. Ihr schmallippiger Mund kräuselte sich zu einem kalten Lächeln, als sie ohne jede Regung antwortete: »Liebes Kind, das möchte ich gar nicht, und nun gehen Sie mit Gott, und lassen Sie sich nie wieder blicken.«

Wir erfuhren, daß Aimée sich von einem Schock erholen mußte, nachdem es in ihrem Mietshaus eine schwere Explosion gegeben hatte, und freuten uns mächtig, als es hieß: »Morgen kommt eure Tante.«

Während sie schlief, war die halbe Stuckdecke heruntergekommen und hatte Tantchen mit Gips und Mörtel zugedeckt. Außer ihrem geliebten Grammophon und dem Glas mit einem einsamen Goldfisch hatte sie nur ihr nacktes Leben retten können. Das mit dem nackten Leben war wohl nicht so wörtlich zu nehmen, denn sie stand in einem eleganten, mit Affenfell verbrämten Tuchkleid vor uns und hielt uns hoheitsvoll die Hand zum Kuß unter die Nase.

»Du siehst mitgenommen aus«, sagte Mutter mitfühlend, »wir werden dich ein wenig aufpäppeln müssen.« Den ersten Tag frühstückte Aimée deshalb im Bett. Mutter und ich leisteten ihr Gesellschaft.

»Wenn ihr wüßtet, was ich alles erlebt habe, ihr würdet Augen machen.« Aimée streckte sich wohlig.

»Los, vorwärts, erzähl«, feuerte Mutter sie wie ein Gespann an.

»Wo fang' ich an, wo hör' ich auf...« Tantchen biß gierig in eins von Mamsells köstlichen Brötchen, Pummelchen genannt, so daß das Johannisbeergelee heruntertropfte.

»Da gibt es jetzt in Berlin einen Diplomaten, einen Ungarn. Man nennt ihn ›Servus Kaktus‹, weil er ganz versessen auf Kakteen ist. Ich hab' ihn auf einem Hausball bei Freunden kennengelernt. Ein himmlischer Tänzer! Danach hat mich dieser ›Küß-die-Hand-gnädiges-Fräulein-Typ‹ zum Katerfrühstück eingeladen...«

»Und bist du hingegangen?«

»Glaubst du, ich lass' mir ein gutes Frühstück entgehen, wo ich so knapp bei Kasse bin? Außerdem war ich auf die Wohnung neugierig.«

Unsere Aimée hatte sich also fröhlich auf den Weg gemacht. Zu ihrem Erstaunen öffnete ihr der Hausherr selbst. Er war noch im Morgenrock, und Aimée dachte: »Verdammt, du bist mal wieder viel zu früh.« Denn sie konnte keine weiteren Gäste entdecken. Das Wohnzimmer, in das er sie führte, war äußerst luxuriös eingerichtet. Allein die großen Vorhänge mußten ein Vermögen gekostet haben.

»Seide?« fragte Mutter kennerisch. Tante nickte. »Und erst die Teppiche hättest du sehen sollen. Pyramidal!« Sie hatten ein wenig über den vergangenen Abend geplaudert und ein Gläschen Sekt getrunken, was bei ihr auf nüchternen Magen schnell zu einem Schwips führte. Dann, ziemlich abrupt, war ihr Gastgeber aufgestanden und hatte gesagt: »Wenn gnädiges Fräulein mich einen Augenblick entschuldigen wollen.« Bei diesem Punkt ihrer Erzählung fing die wilde Emma an zu kichern, und Mutter sagte: »Mach's doch nicht so spannend.«

»Du wirst dich wundern«, prophezeite Aimée, ehe sie

fortfuhr: »Er läßt mich also allein, und ich wandere in der Wohnung herum und betrachte mir den teuren Krimskrams auf den Tischchen, da ist er auch schon wieder zurück und sagt hinter mir: ›Ich bin soweit.‹ – ›Für was?‹ frage ich dumm, während ich mich umdrehe, und was sehe ich?« Sie streute sich Salz aufs Ei. »Was sehe ich? Der Mensch ist nackt!«

»Nackt«, echote Mutter voller begeistertem Entsetzen, und ich gab keinen Muckser von mir, um nicht aus dem Zimmer geschickt zu werden.

Hatte Tantchen empört die Flucht ergriffen? Hatte sie ihm zur Verteidigung ihrer Tugend ihre Handtasche ins Gesicht geschleudert?

Nichts davon. Sie meisterte die Situation, wie es sich für ein Mädchen von Stand gehört: weder ängstlich noch tutig. Sie tat, als sei es das Alltäglichste von der Welt, neben einem nackten Mann zu sitzen und sich mit ihm zu unterhalten. Sie hatte eine distanzierte Konversation geführt. Über das herrliche Wetter. Über das letzte Pferderennen. Über eine Ausstellung. Dann stand sie wie von ungefähr auf, richtete ihr Haar ein wenig vor einem Barockspiegel und ging, weiterplaudernd, von ihm begleitet zur Haustür, wo sie sich höflich voneinander verabschiedeten. »Ein n-a-k-t-e-r Mann, der dir einen Handkuß gibt, hast du so was schon mal erlebt?« sagte Aimée und sah kein bißchen schockiert aus.

»Nackt schreibt sich mit ck«, sagte ich unbedacht.

Mutter fuhr herum. »Wieso bist du nicht längst im Eßzimmer? Der Unterricht fängt gleich an, und du hast noch nicht gefrühstückt.«

Ich trollte mich maulend, erzählte jedoch gleich jedem im Haus diese phantastische Geschichte.

»Hast du schon mal einen nackten Mann gesehen?« fragte ich meine Schwester Vera.

»Hunderte«, sagte sie. Sie war wütend, daß ich mit dieser Geschichte hausieren gehen konnte und nicht sie.

Mit Tantchen kam Leben in die Bude, wie mein Bruder

Billi es ausdrückte. Ihre ungestüme Fröhlichkeit ließ das Haus erzittern. Sie sang Lieder wie ›Der Neger hat sein Kind gebissen‹ oder ›Was kann der Sigismund dafür, daß er so schön ist‹, ritt Wintermärchen zum Schmied und begleitete Vater in Billis Schmierstiefeln in den Wald. Gemeinsam mit unserer Hauslehrerin probierte sie neue Schönheitsmittel aus, klatschte sich Eigelb mit Quark vermischt ins Gesicht und benutzte fleißig zur Hüftmassage Fräulein Webers Punktroller, der wie ein Nudelholz aussah.

Nur wenn die Zeit unserer Postfrau gekommen war, wurde sie unruhig. Sie strich in der Küche herum, wo die Postbotin ihren Kaffee zu trinken und mit Mamsell zu klatschen pflegte, oder hielt auf der Dorfstraße nach ihr Ausschau.

»Der Ungar scheint ihr noch ganz schön im Kopf herumzuspuken«, meinte Vater.

»Ich bitte dich, Alfred«, sagte Mutter, »das war doch nur eine Episode.«

Zwar brachte die Postfrau nichts für Aimée. Dafür kam der Bäcker mit dem Brotwagen auf den Hof gefahren und übergab uns einen mittelgroßen Kranz aus Douglaszweigen und Moosröschen.

»Was solln wir denn damit«, wunderte sich Mutter. »Ich wüßte nicht, daß jemand im Dorf gestorben ist, und außerdem binden wir unsere Kränze selbst.«

»Zurücknehmen tu' ich ihn aber nicht«, verwahrte sich der Bäcker. »Brettschneider hat ihn mir mitgegeben, und da wird es schon seine Richtigkeit haben.«

Es herrschte im Haus einige Verwirrung, bis sich herausgestellt hatte, wie der Irrtum zustande gekommen war. Der geheimnisvolle Ungar hatte anscheinend bei Brettschneider ein Blumengebinde für Aimée bestellt. Und ein Gebinde war für den Gärtner nun mal ein Kranz, ein Kranz mit Schleife und Inschrift »Ruhe sanft«. Tantchen lachte, daß die Tauben vom Dach hochflogen und erschreckt zu kreisen begannen, zupfte sich einen

Strauß Röschen aus dem Kranz und verschwand singend im Haus. Weil niemand für den Grabschmuck Verwendung hatte, wurde er auf das Grab von Argos Vorgänger im Garten gelegt. Der Pastor bemerkte es bei seinem Besuch am Nachmittag mit leichter Mißbilligung.

»Treiben Sie den Kult mit den Tieren nicht ein wenig weit, lieber Graf?«

»Wie recht Sie haben«, sagte Vater und warf Aimée einen spöttischen Blick zu.

In derselben Woche bekamen wir unverhofften Besuch. Ein Jüngling mit Lodenmantel platschte durch die Pfützen auf das Haus zu.

»Ein Vertreter«, sagte Mutter.

»Oder jemand, der Holz will.« Vater wollte sich verdrücken. »Ich bin nicht da.«

»Die Grüne Joppe«, rief Emma. »Wie hat's denn den hierher verschlagen?«

»Ich dachte, die Sache wäre längst ausgestanden«, sagte Mutter.

»Hoffentlich bleibt er nicht über Nacht.« Vater fühlte sich in seiner Gemütlichkeit gestört.

»Als wenn du die Arbeit davon hättest.« Mutter spähte durch die Gardine nach dem Fremden. Der hatte sich unterdessen der Veranda genähert. Ein drohendes Knurren aus Argos Kehle, der dort ein Verdauungsschläfchen hielt, ließ ihn unschlüssig verharren.

»Nun bring einer von euch schon den Hund weg, und laßt ihn herein.« Mutter öffnete einladend die Tür.

Der Baron trampelte in schweren Gamaschenstiefeln in den Flur und hängte seinen altmodischen Hut auf den Haken. Ein redseliger Typ war er gerade nicht. Schweigend schaufelte er eine große Portion Kartoffelbrei mit Sauerkraut in sich hinein, wobei er gleichzeitig die wilde Emma mit seinen Blicken verschlang.

Eine gewisse Ähnlichkeit mit unserem Bernhardiner, wenn der das Butterfaß anstierte, aus dem irgendwann für ihn die herrliche Buttermilch fließen würde, war ihm nicht abzusprechen. Mutter fragte ihn nach der alten Exzellenz und Vater nach der Ernte vom letzten Jahr, nach Schweine- und Zuckerrübenpreisen. Allmählich begann er aufzutauen. Bald sprach er ebenso ausführlich wie bewundernd von seinem Zuchtbullen, so daß man fast den Eindruck hatte, es handle sich um einen Zwillingsbruder von ihm. Nach jedem Satz machte er eine Pause, pickte Brotkrumen vom Tisch, rollte sie zu Kügelchen zusammen und schob sie sich in den Mund. Wahrscheinlich brauchte sein Gehirn viel Heizstoff, um weitere langweilige Gedanken produzieren zu können.

Seine Leidenschaft für Aimée machte ihn dickfällig. Er fragte Mutter rund heraus, ob er ein paar Tage bleiben dürfe, und ihr blieb nichts anderes übrig, als »Aber gern, lieber Baron« zu sagen. Es wurde eine Woche, an die wir mit Schaudern zurückdachten, denn er gab uns das Gefühl, daß wir unfreundlich und ungastlich waren und ihn ebenso ablehnten, wie Aimée es tat. Mutter, die sonst mit Begeisterung die Vermittlerin zu spielen pflegte, blickte lustlos in ihre Kaffeetasse, wenn der junge Mann ihr sein Herz ausschütten wollte.

»Warum muß er sich ausgerechnet unser Haus für sein Unglück aussuchen«, stöhnte Vater.

»Dabei macht sie aus ihrem Herzen wahrlich keine Mördergrube«, seufzte Mutter.

»La belle et la bête«, sagte Vater.

»Du und deine Augenweide«, sagte Mutter spitz. »So eine Schönheit ist sie weiß Gott nicht, die wird später mal aufgehn wie ein Hefekuchen.«

»Andererseits«, sagte Vater, »weiß man bei einer Frau nie so recht, woran man ist. Du zum Beispiel hast mich auch ganz schön zappeln lassen.«

Mutter lachte geschmeichelt. »Bitten und betteln mußte ich«, fuhr Vater galant fort.

Endlich sah unser Gast ein, daß er keinen Grund hatte, unsere Gastfreundschaft noch länger in Anspruch zu nehmen. »Du hättest ruhig ein bißchen liebenswürdiger sein können.« Jetzt, wo der Baron abreiste, tat er Mutter leid.

»Soll er doch bei seinem Bullen bleiben«, sagte Emma herzlos.

Wenig später verließ auch sie uns. Es zog sie in die Großstadt zu ihren Freunden zurück.

Sie geriet bei uns ein wenig in Vergessenheit, weil andere aufregende Dinge im Dorf passierten. Erst brach sich Opa Klose ein Bein, weil er in blinder Habgier auf eine Eiche geklettert und bei dem Versuch, sein Leseholz durch einen ordentlichen Ast zu vermehren, heruntergefallen war. Eine Woche später brannten in der Gegend hintereinander drei Scheunen bis auf die Grundmauern ab, so daß Vater, aus Angst, ihm könne dasselbe passieren, halbe Nächte mit der Büchse draußen herumrannte. Die Jungfer Zech erzählte überall im Dorf, in unserem Backofen hinter der Scheune wären Geister; sie hätte greuliches Gefauche und Gefiepe gehört. So öffnete Billi die Backofentür nur mit äußerster Vorsicht, und ein verängstigtes, ganz mit Mehl bestäubtes Käuzchen, das irgendwie durch den Schornstein gerutscht war, blickte uns entgegen.

Mutter, die mit der gesamten Verwandtschaft ausgiebig korrespondierte, bekam gelegentlich Hinweise über Tantchens Lebenswandel. Sie war mit dem Ungarn in Monte Carlo gesehen worden, und man konnte froh sein, daß ihr armer Vater das nicht mehr miterlebte.

Ein halbes Jahr verging, als uns die Postfrau mit wissender Miene eine Heiratsanzeige auf den Billardtisch legte. Mutter warf einen Blick auf die Handschrift. »Hat sie ihn nun endlich geheiratet.« Sie klappte den Umschlag auf. Doch Mutter hatte sich geirrt. Der Name des Ehemannes war den Eltern nur vage bekannt.

»Was sagst du dazu, Alfred?«

»Wahrscheinlich hat er 'ne Menge Kies«, vermutete Vater. »Mit Diplomaten ist das so eine windige Sache, und

Aimée braucht nach ihrem unruhigen Leben Sicherheiten.«

Bei ihrer jährlichen Verwandtenreise richtete es Mutter ein, auch bei dem jungen Paar hereinzuschauen.

Als sie nach vier Wochen wieder zurückkam, waren wir sehr gespannt, was es über die wilde Emma zu berichten gab.

»Also, du kamst an«, sagte Vater, um die Geschichte in Gang zu bringen.

»Dreimal mußte ich umsteigen«, erzählte Mutter, »und dann habe ich erst eine Weile auf dem Bahnhof herumgestanden, bis ich begriff, daß dieser schäbige Einspänner mit dem schlafenden Kutscher für mich bestimmt war. Ich sage euch, so bin ich in meinem ganzen Leben noch nicht durchgeschuckelt worden! Der Kerl fuhr wie ein Rasender! Und dann, stellt euch vor, hielt er an und zog sich unterwegs Jacke und Hemd aus.«

»Wie unpassend.« Vater grinste uns an.

»Alfred, ich bitte dich, mit einem halbnackten Kutscher durchs Land zu fahren, wie kommt man sich da vor. Übrigens eine trostlose Gegend. Kein Baum, kein Strauch, nur Rüben, Rüben, Rüben!«

»Dann ist er reich«, sagte Vater andachtsvoll.

»Mag sein, aber gemerkt hat man davon wenig. Ich meine, wir essen ja auch einfach. Aber zu Ehren eines Gastes Steckrüben, da kannst du dir das viele Silber sparen.«

»Und wie war's sonst?«

»Wenn du die Augenweide meinst, du hättest sie nicht wiedererkannt. Sie trägt jetzt einen Knoten und läuft mit einer weißen Zierschürze herum. Zur Hochzeit hat er ihr eine Bernsteinkette geschenkt.«

»Ist doch was Hübsches.«

»Zwölftausend Morgen Rübenboden und dann Bernstein! Aber was mich am meisten irritiert hat – Kinder, ich glaube, ihr geht jetzt mal ein bißchen raus.«

»Wozu denn? Noch unanständiger als der nackte Kutscher kann es ja bei dir nicht werden.«

»Meinetwegen«, sagte Mutter. »Jeden Morgen früh um sieben eine Andacht mit dem gesamten Personal. Er liest aus der Bibel, und dann wird gemeinsam ein Choral gesungen.«

»Das arme Kind.«

»Das arme Kind? Was heiratet sie in so eine bigotte Familie.«

»Mich jagst du auch jeden Sonntag in die Kirche. Außerdem, Geld regiert die Welt.«

»Geld! Der ist so geizig, daß er jeden Briefumschlag noch einmal verwendet. Mein Bettlaken im Gastzimmer hättest du sehen sollen. Es war so geflickt, daß mein Rükken ganz wundgescheuert ist.«

»Und wie ist er so? Ich meine als Mann. Irgend etwas muß ja an ihm dran sein. Aimée war da immer sehr wählerisch.«

»Wenn du's genau wissen willst, der Abklatsch von der Grünen Joppe«, sagte Mutter.

7
Kuckuck, wie alt werde ich

Das Gewitter war vorübergezogen. Der Regen hatte mit langer Zunge Dächer und Laub vom Staub blank geleckt. In den großen Pfützen auf dem Hof machten Entenküken ihre ersten Schwimmversuche. Aus dem Forsthaus klang Klavierspiel. Einen Augenblick lauschte ich Mutters gefühlvollem Anschlag, dann stieß ich hinter dem Stall unter dem Holunderbusch erneut den schweren Spaten in die fette Erde und förderte ein halbes Dutzend Regenwürmer ans Tageslicht. Interessiert beobachtete ich ihre verzweifelten Fluchtversuche. War es wirklich Tierquälerei, wie sich unsere Hauslehrerin entrüstete, sie auseinanderzureißen, ehe man sie an den Angelhaken steckte? Hatten sie überhaupt ein Herz, und wo saß es? Otto Klose behauptete, sie seien so gefühllos wie ein eingeschlafener Fuß. Otto war ein Vetter meines Dorffreundes Bruno. Es gab Zeiten, da spielte ich nur mit ihm, war ganz »ver-ottot«, wie Mutter es nannte, und ließ Bruno links liegen.

Als hätten meine Gedanken Otto herbeigezaubert, kam er um den Misthaufen geschlendert. Die Hosenträger waren mit einem Stück Bindfaden an den Hosen festgebunden, die Haare so kurz geschnitten, daß die Kopfhaut durch die Haarstoppeln schimmerte. Neidisch sah ich auf seine Pantinen. Wir mußten Schnürstiefel tragen, noch dazu mit Einlagen. Mutter fand Pantinen schädlich für die Füße.

»Komm, wir tauschen«, bat ich.

»Meinetwegen.«

Im Nu hatte ich meine Stiefel aufgehakt und warf sie ihm zu. Otto winkte ab: »Nee, danke.« Er konnte barfuß über Stoppeln laufen, ohne sich die Füße zu schrammen.

»Wie isses denn nu mit angeln«, fragte ich.

»Keine Zeit, muß die Karnickel ausmisten, sonst kann ich was erleben, haben die Tanten gesagt. Kommste mit?«

»Du und deine blöden Stoppelhopser«, sagte ich.

Er sah mich mit einem merkwürdigen Ausdruck an. »Ich weiß was, was du nich weißt, aber ich sag's nich.«

»Will's auch gar nich wissen.«

»Würdst schön dämlich aus der Wäsche kucken.« Seine Sommersprossen sahen plötzlich ganz unnatürlich aus, so blaß war er geworden. Seine Augen huschten hin und her. Kein Zweifel, er hatte Schiß, und das nicht zu knapp. Ich brannte vor Neugier.

»Sag's schon.«

»Nur, wenn du mir hilfst.«

Unschlüssig blickte ich auf das Loch zu meinen Füßen. Ich mochte Ottos Stallhasen nicht. Es waren fette, wilde Biester, die einem das Gesicht mit ihren Pfoten zerkratzten, wenn man sie auf den Arm nahm, und die ihre Kinder auffraßen. Die reinsten Kannibalen. Aber meine Neugier war stärker. Ich stellte die Büchse mit den Regenwürmern in ein Mauerloch am Stall, damit die Hühner nicht rankonnten, schnappte mir mein Fahrrad, und dann machten wir uns auf den Weg.

Unser kleines Dorf lag schon einsam genug. Aber Ottos Familie wohnte noch weiter ab von jedem Nachbarn im Wald, ernährte sich von Gelegenheitsarbeiten, vom Holzstehlen und Wildern. Als Otto einmal bei uns zu Mittag aß, schnupperte er mißtrauisch an dem Fleisch auf seinem Teller und sagte abschätzig: »Hase? Hase kann ich nich mehr sehn.«

In Kloses Familienverhältnissen fanden sich nur Eingeweihte zurecht. Es gab da Stiefgeschwister und Halbbrüder, sowie zwei dünne, zungenfertige Tanten, die Ottos Rücken gern als Zielscheibe für ihre Pantinen benutzten, wenn er wieder einmal zu faul gewesen war, Holz zu zerkleinern oder Gänsefutter zu holen. Kloses hatten außerdem einen Untermieter. Schäfer Warnicke wohnte bei seinem Freund, dem Opa, wenn es ihm draußen in seinem Schäferkarren zu kalt wurde.

Opa war das Glanzstück der Familie. Als einziger war er dreißig Jahre lang einer geregelten Beschäftigung als Nachtwächter nachgegangen und sah mit seinem gepflegten Vollbart und dem dunkelblauen Nadelstreifenanzug am Sonntag in der Kirche ordentlich nach was aus.

Opa gab sich viel mit Otto und mir ab. Er ging mit uns Brombeeren und Champignons suchen und angeln, zeigte uns, wie man aus Gänsekielen und Korken Schwimmer für die Angelschnur macht, und schnitzte uns eine ganze Flotte Borkenschiffchen. Sein Fischköder, den er aus einem Gemisch von Kartoffeln und Mehl, mit Spucke durchknetet, herstellte, war wirkungsvoller als jeder Wurm. Als ich noch kleiner war, fühlte ich mich an Opas Wurzelhand sicher, wenn er mit mir am sumpfigen Ufer entlang balancierte oder der Bulle bei unserem Anblick in der Koppel brüllend an der Kette zerrte. Opa lachte nur, als ich seinen besten Hahn aus Versehen mit dem Luftgewehr erschoß. »Endlich mal wieder 'ne kräftige Suppe.« Er lehnte es ab, sich von Vater den Hahn ersetzen zu lassen. Vater war jedoch von Opas Stolz nur wenig beeindruckt: »Das Holz, das der so mitgehen läßt, ist mehr als zehn Hähne wert.«

Hin und wieder arbeitete Opa auch als Friseur. Mit Anfeuchten kostete der Haarschnitt einen Groschen mehr. Dann nahm Opa seinen Mund voll Wasser und sprühte es, besser als jeder Zerstäuber, über den Kopf des Kunden.

Bei Kloses wuchs das Gras auf dem Hof so hoch, daß man sich nur auf Trampelpfaden zum Ziegenstall und Holzschuppen bewegen konnte. Auf dem Staketenzaun stak Opas Nachttopf neben dem Milcheimer. Moos verdeckte die Löcher im Dach, und manchmal kam aus dem Schornstein ein solcher Qualm, daß es von weitem aussah, als stünde das Haus in Flammen. Bei Kloses war immer etwas los. Man zankte und prügelte sich und feierte fabelhafte Feste. Wenn ich dazu eingeladen war, stopfte mich Opa liebevoll mit Kuchen und grüner Glibberspeise voll und ermunterte mich zu einem kräftigen Zug aus dem Schlauch, der aus der Zinkwanne mit dem Obstwein hing. Das erstemal war mir recht komisch davon geworden. Obwohl mir Otto den Kopf fürsorglich unter die Pumpe hielt, daß mir das eiskalte Brunnenwasser an den Zöpfen herunterrann, konnte ich nur noch in Schlangenlinien auf dem Rad nach Haus fahren. Mutter tippte auf Sonnenstich. Vater schüttelte den Kopf: »Hochprozentiger Fusel, würd' ich sagen.«

In letzter Zeit war mein Verhältnis zu Opa jedoch abgekühlt. Ich fand, er hatte sich verändert. Er meckerte jetzt viel mit mir und Otto herum, nahm uns das Pfandgeld für die Bierflaschen wieder weg, das er uns sonst großzügig überlassen hatte, und schimpfte auf Schäfer Warnicke, der einem alten Freund nicht mal was spendierte. Er führte merkwürdige Reden von Weibern, die alle hinter ihm her gewesen seien, und daß man sich für Geld jeden Weiberarsch leisten könne. Als ich Lore davon erzählte, rümpfte sie die Nase: »So 'n alter Lustmolch. Wenn du meine Tochter wärst, ich würd's verbieten, daß du dich mit dem abgibst.«

Immer öfter mußte Otto mahnen: »Opa, dein Hosenschlitz is offen.« Und als ich ihn ganz höflich bat, mir wie sonst beim Fahrradflicken zu helfen, blaffte er mich an: »Spiel hier bloß nicht die Komtesse!«

»Der hat wieder Schmerzen an seinem Bruch«, versuchte Otto mich zu besänftigen. »Dann trinkt er leicht einen zuville. Soll er dir mal den Bruch zeigen?«

Aber ich war tief gekränkt und wollte nicht.

Aus Kloses Haus quoll aus allen Ritzen Rauch. Ottos Mutter war gerade beim Kartoffelpufferbacken, und die Sonne drückte auf den Kamin.

»Na, ihr Lorbasse«, sagte sie munter, denn sie stammte aus Ostpreußen, und wischte sich mit der Schürze den Mund.

Wir aßen die Puffer gleich aus der Pfanne, ehe wir uns an die Arbeit machten. Als wir mit dem Ausmisten fertig waren, stank ich mehr als alle Karnickel zusammen. Ich ließ mich erschossen auf einer halbfertigen Holzmiete nieder.

»Sag's jetzt«, verlangte ich.

»Großes Ehrenwort, daß du's zu Haus nicht erzählst? Überhaupt niemand?«

»Großes Ehrenwort.« Ich spuckte zur Bekräftigung in Ottos rechte Hand...

Die Sonne stand schon tief, als ich mich auf den Heimweg machte. Dunkle Schatten lagen über den Waldwegen. Im Gebüsch knackte es unheimlich. Ich trat kräftig in die Pedale und kam völlig außer Atem ins Eßzimmer. Niemand schien mich vermißt zu haben. Nur meine Schwester konnte mal wieder nicht den Mund halten, als ich auf meinen Platz schlüpfte.

»Wo hast du denn gesteckt?« fragte sie mit ihrer Trompetenstimme. »Vater hat dauernd nach dir gerufen, du solltest ihm helfen, Kiefernpflanzen im Garten einschlagen.«

Ich gab ihr einen Tritt gegen das Schienbein.

»Aua!« Anklagend sah sie zu Mutter hinüber. Mutter beachtete uns nicht. Sie lauschte auf Vaters Gespräch, das er nebenan mit dem Landjäger führte. Lore goß mir Milch in den Becher und sagte aufgeregt: »Mittenmang die Brombeeren, und alles voller Blut!«

Mutter hob warnend die Augenbrauen. Aber Lore war nicht zu stoppen. Genüßlich und ausführlich berichtete sie die Moritat. Man hatte den Schäfer mit einer Axt erschlagen. Mausetot war er unter einem Busch am Rhin gefunden worden.

»Wer macht denn so was!« Mutter verstand die Welt nicht mehr.

»Der hatte doch 'ne Menge Gespartes, das weiß doch jeder«, sagte Lore. »Hat's immer im Brustbeutel mit sich rumgeschleppt aus Angst, es würde ihm geklaut. Das hat er nu davon.«

»Ich verbiete euch«, sagte Mutter aufgeregt, »daß ihr im Wald oder am Rhin spielt. Es treibt sich viel zuviel Gesindel herum.«

Lore stellte die Teller zusammen. »Das sind ja keine Menschen mehr, das sind ja nur noch Elemente.«

Die rechte Seite tat mir plötzlich weh, wahrscheinlich vom schnellen Radeln, und mir wurde schlecht. »Wer weiß, was die wieder bei Kloses gefressen hat«, sagte Vera.

»Sprich nicht so vulgär«, tadelte Mutter und schickte mich ins Bett.

In der Nacht träumte ich, alle Welt sei gestorben, und ich sei allein zurückgeblieben, wie der Junge aus dem russischen Märchenbuch. Kein Rauch mehr in den Schornsteinen, kein Kannengeklapper in den Ställen. Nur das Zwitschern der Schwalben und Spatzengezänk im Efeu. Ich erwachte mit trockenem Mund – »Höchste Zeit, daß deine Polypen rauskommen«, war Mutters ständiges Reden – und sah mich im Zimmer um. Morgendämmerung kroch durch die Ritzen der Fensterläden. Ich stieß sie auf. Auf dem Rasen vor dem Haus belauerte eine Amsel einen Regenwurm. Tau glitzerte auf dem Gras. Das Wetter würde schön werden. Im Haus war es noch still. Ich zog meine Trainingshosen übers Nachthemd, kletterte aus dem Fenster und lief hinunter zum See. Ich setzte mich in den Kahn und beschloß, auf meinen Bruder zu warten. Er tauchte sicher gleich auf, um nach den ausgelegten Aalpuppen zu sehen. Der Wind heute nacht mußte sie ins Schilf getrieben haben. Ein Kuckuck kam über das Wasser geschwirrt und ließ sich in einer Trauerweide nieder.

»Kuckuck, wie alt werde ich?« fragte ich. Aber der Vogel machte nur einmal »Kuck«, und weg war er. Ein Geräusch hinter mir erschreckte mich. Ich drehte mich um. Plötzlich verlor der Junimorgen seine liebliche

Schönheit und bekam etwas Bedrohliches. Einen Steinwurf von mir entfernt stand ein Mann am Ufer und rief mir etwas zu. Der Mörder! Der Mörder! Ich sprang aus dem Kahn. Ohne anzuhalten lief ich nach Haus. Ich war so außer Puste, daß es mir schwerfiel, durchs Fenster zurückzuklettern. Zitternd kroch ich in mein Bett.

Die nächsten Tage quengelte ich lustlos im Haus herum.

»Du könntest deinem Opa Klose ein paar Zigarren von mir bringen«, bot Vater in Geberlaune an.

»Er ist nicht ›mein‹ Opa«, sagte ich mürrisch, »und ich will nicht dahin.«

»Was ist eigentlich los mit dir?« sagte Vater.

»Eingeschnappt isse, weil Opa Klose sie ›Brettstulle‹ nennt«, mischte sich Vera ein.

»Was für ein Wort«, sagte Vater andachtsvoll. »Aber beleidigt oder nicht, sie geht jetzt an die frische Luft. Das wird ihr guttun.«

»Es regnet«, wandte ich ein.

»Dann wächst du wenigstens.« Vera kuschelte sich schadenfroh in den großen Ledersessel. Ich zögerte.

»Mein lieber Freund und Kupferstecher«, drohte Vater.

Ich beugte mich der Gewalt. Der Hof war eine einzige Pfütze. Ich ging in den Schweinestall und holte mir kochend heiße Kartoffeln aus dem Dämpfer. Sie waren ziemlich sandig, schmeckten aber trotzdem. Otto kam über den Hof geradelt, einen alten Kartoffelsack als Regenschutz über den Schultern.

»Sind 'ne Menge Kriminaler aus Berlin im Gasthaus«, teilte er mir aufgeregt mit. »Sogar 'nen Hund habense mitgebracht. Soll 'n ganz berühmter sein mit 'ner tollen Nase.« Wir sahen uns an. »Nischt wie ab«, sagte Otto.

Ich zögerte. »Ich muß erst fragen.«

»Denn lassen sie dir nich.«

»Bin gleich wieder da.«

Ich erwischte Vater am Gewehrschrank, wo er mißbilligend durch ein Büchsenrohr sah. »Möchte wissen, wer zuletzt damit geschossen hat. Sicher wieder dein Onkel Karl. Der zieht nie den Lauf durch. Wieso bist du schon wieder im Haus?«

»Ich wollt' dich fragen, ob ich Zigarren für dich holen soll.«

»Bei dem Wetter? Aber meinetwegen. Dein Taschengeld ist wohl alle?«

Ich nickte. Wer für Vater die vier Kilometer bis zur »Perle des Westhavellandes« fuhr, wurde mit einer Mark belohnt.

Wir sausten ab. Im Gasthaus herrschte Hochbetrieb. Man saß und stand herum und stellte tiefsinnige Vermutungen über den Mörder an. Bestimmt einer aus der Stadt. Was man von denen zu halten hatte, wußte man ja. Die waren ja alle ein bißchen malle. Der Spurenhund fand allgemeines Interesse. Er war an einem Tischbein festgebunden und klopfte ab und zu müde mit dem Schwanz auf den Fußboden. Ich fand, er sah ziemlich mickrig aus. Sogar Opa Klose hatte sich auf den Weg gemacht. Vor sich hinmurmelnd, kam er an die Theke geschlurft.

»Ganz verwirrt, der alte Mann«, sagte der Vikar, der sich gerade mit einem Kriminalbeamten unterhielt, mitleidig. »Der beste Freund, ein schwerer Schlag!«

»Laß uns wieder abhauen«, sagte Otto unruhig. Das Geheimnis, das wir teilten, drückte mehr als zehn Kartoffelklöße. Ich mußte dauernd aufs Klo.

Beim Abendbrot wurde mir wieder übel. Ich preßte meine Hand auf die rechte Seite und wimmerte.

»Kein Theater«, sagte Vater.

Aber davon wurde der Schmerz auch nicht besser. Mutter bestand darauf, mit mir ins Krankenhaus zu fahren.

»Im Städtischen sterben sie wie die Fliegen.« Für Vater war ein Krankenhaus mit das Graulichste, was er sich vorstellen konnte.

»Ich geh' mit ihr zu Dr. Hanke«, erklärte Mutter.

»Wenn der so operiert, wie er schießt«, sagte Vater, »dann kannst du gleich die Anzeigen bestellen.«

»Ich will zu Haus bleiben«, heulte ich.

»Da hast du's«, sagte Mutter, »jetzt ängstigt sich das Kind. Wir können froh sein, wenn wir in seiner Klinik noch ein Bett bekommen, so gefragt, wie der ist. Er ist ein *ausgezeichneter* Arzt!«

»Den nur die Charité gefeuert hat«, ergänzte Vater.

»Nichts wie dummes Gerede.«

»Also gut, wenn du meinst.« Vater wurde es allmählich blümerant bei meinem Gejammer.

»Vielleicht hat sie sich ja nur den Magen verdorben«, sagte Mutter optimistisch, während der Chirurg mich untersuchte. Dr. Hanke schob die Brille auf seine verdächtig rote Nasenspitze und sah meine Mutter nachsichtig an. »Mir tut's immer schrecklich leid, wenn die Mütter dann weinend am Grabe stehen«, sagte er so richtig nett, »aber sie müssen natürlich selbst wissen, ob sie ihre Einwilligung zur Operation geben wollen.« Viel Umstände wurden mit mir nicht gemacht. Ich wurde ausgezogen und auf den Operationstisch gelegt. Als mir der Äther in die Nase stieg und es in meinen Ohren zu summen anfing, begann ich um mich zu schlagen.

Die Maske wurde mir noch einmal vom Gesicht genommen, und ich hörte Dr. Hanke aus weiter Ferne sagen: »Spuck der ollen Schwester ordentlich ins Gesicht, dann wird sie dich schneller schlafen lassen.«

Zehn Tage später holte mich Mutter wieder ab. Schäfer Warnicke war inzwischen beerdigt worden. Ich ließ jeden im Haus meinen Blinddarm in Spiritus bewundern, tat noch sehr hinfällig, schlich stöhnend herum und wurde von Mamsell mit Sahne-Baisers und Hoppel-Poppel wieder zu Kräften gebracht.

Niemand bemerkte, daß ich längst heimlich mein Rad benutzte. Oder hatte mich Mutter etwa doch dabei beobachtet? Jedenfalls rief sie mich ins Haus.

»Komm ins Wohnzimmer«, sagte sie ernst, »ich muß mich mal mit dir unterhalten.«

Mein Gewissen war rein. Ich rutschte in den Ledersessel, kühlte meinen Mückenstich am Bein mit Spucke und wunderte mich, wieso Mutter so nervös war. Sie lief im Zimmer hin und her, rückte ein Bild gerade, schob eine Vase zurecht und machte den Bücherschrank grundlos auf und zu.

Endlich kam sie mit der Sprache heraus.

»Sie haben den Mörder von Schäfer Warnicke verhaftet.«

So ganz wiederhergestellt war ich wohl doch noch nicht, denn ich schluchzte sofort los: »Der arme Opa Klose.«

»Der arme Opa...? Willst du damit sagen, du hast es die ganze Zeit gewußt?«

»Na klar«, heulte ich, »Otto war doch dabei. Soll ich dir's mal vormachen, wie's war?«

Mutter wehrte entsetzt ab.

»Du hast es gewußt?« Mutter war ganz durcheinander. »Also nein, also wirklich. Ich sag's ja immer, diesen Umgang, den du hast.«

Aber ich hatte inzwischen alle Angst vergessen. Das Krankenhaus, die Operation hatten die bösen Bilder verdrängt.

Mein Gedächtnis zauberte nur freundliche Erinnerungen an Opa hervor. Opa, der Geschichtenerzähler, der Spaßmacher, der auf einem Grashalm wie ein Reh fiepen konnte und mir auf dem Schützenfest eine Plüschkuh geschossen hatte, die sich sogar melken ließ, wenn man zuvor Wasser in eine Klappe auf dem Rücken goß. Meine Tränen flossen. Ich tat mir leid, Opa tat mir leid und natürlich auch ein bißchen der Schäfer, obwohl es im Dorf schon vor seinem Tode geheißen hatte, mit seiner schwachen Lunge werde er es nicht mehr lange machen.

»Seinen Freund umzubringen. Ihn zu berauben! Ein Abgrund!« redete Mutter weiter.

Das konnte ich nicht auf Opa sitzenlassen.

»Er hätte ihm ja auch was abgeben können, der olle Geizhals. Nun muß der arme Opa nach Plötzensee ins Zuchthaus!«

»Oder in die Nervenheilanstalt«, sagte Mutter.

Aber daraus wurde nichts. Opa nahm's gelassen. Er schrieb seiner Familie eine Karte: »Schickt mir nichts zu essen, mir geht es hier besser als bei Euch.«

»Sicher wird er bald wieder entlassen«, tröstete mich Vater. »Schließlich ist er über siebzig, da fällt er bestimmt unter irgendeine Amnestie.«

Doch Opa kehrte nie mehr in sein Dorf zurück.

Vaters Gefühle gegenüber seinem Schwager waren zwiespältig. »Der gute Karl weiß nicht nur alles, er weiß auch alles besser«, schimpfte er gern. Die beiden kabbelten sich oft, was Onkel Karl jedoch nicht hinderte, allein oder mit der Familie häufig mal eben von seinem zwei D-Zugstunden entfernten Gut »auf einen Sprung« zu uns zu kommen.

Uns Kindern war Onkel Karl ziemlich gleichgültig. Wir liebten Tante Sofie, und wir haßten unsere gleichaltrige Kusine Elisabeth.

Klein-Didi, wie sie von ihrem Vater zärtlich genannt wurde, war ein rechtes Goldkind. Sie hatte seidiges, blondes Haar, und ihre Haut verdunkelte sich in der Sommersonne nicht wie bei uns zu einem schmutzigen Braun, sondern behielt bis in den Winter hinein einen warmen Honigton. Teure Ballettstunden hatten dafür gesorgt, daß ihre Bewegungen anmutig und geschmeidig waren. Sie liebte es, sich wohlgefällig im Spiegel zu betrachten, sich vor ihm hin und her zu wenden und ihr Körperchen wie Knete zu streicheln und zu betasten.

Wir waren froh, wenn wir von den Erwachsenen in Ruhe gelassen wurden. Sie aber trieb sich mit Vorliebe bei ihnen herum und war ganz Ohr, wenn uralte Familiendramen neu aufgebacken wurden. Vater mochte es nicht, wenn man ihm zu nahe auf den Pelz rückte. Er machte deshalb jedesmal unwillkürlich eine scheuchende Bewegung, als wollte er eine lästige Katze verjagen, wenn sie sich zwischen ihn und ihren Vater auf das Sofa quetschte. Onkel Karl war dagegen ganz vernarrt in seine Tochter. »Na, mein Mäuschen«, schnurrte er, und Didi warf ihr langes, offenes Goldhaar zurück, so daß es Vater unangenehm in der Nase kitzelte, und piepste: »Ach, Papilein.«

Für uns war sie eine scheinheilige, verlogene, boshafte Hexe, raffiniert genug, uns Geschwister im Handumdrehen gegeneinander aufzuhetzen, so daß wir den verdutzten Eltern unerwartet den Anblick dreier sich streitender, prügelnder kleiner Idioten boten, während Didi selbst, ein Bild süßer Harmonie, still in einer Ecke saß und, vor sich hinsummend, eifrig malte. Meinen sonst schon recht vernünftigen Bruder Billi verhexte sie beim Angeln derart, daß er wie ein Irrer lachte, anstatt ihr eine zu kleben, als sie die gefangenen Plötzen und Barsche wieder zurück in den See warf. Ja, er entblödete sich nicht, ihr dabei noch zu helfen, während Bruno, der Krepel, vor Wut über so viel Schwachsinn fast einen seiner epileptischen Anfälle bekam.

Vor Didis Habgier war nichts sicher. Sie klaute mir meine gläserne Lieblingsmarmel, in die ein weißes Lamm eingeschlossen war, und köpfte unsere schönsten Papierpuppen, ohne daß wir ihr etwas nachweisen konnten. Ihr letzter Besuch bei uns im Forsthaus war besonders unerfreulich gewesen. Die schlimmste Gemeinheit hatte sie sich noch kurz vor ihrer Abreise geleistet. Vater war mit Tante Sofie ins Kinderzimmer gekommen, als sie sofort losquengelte: »Mami, Omamis Spieluhr.«

»Ja, ja, das Leben ist voller Erinnerungen«, sagte Tante Sofie, die herzensgute, ohne zu begreifen, worauf ihre Tochter eigentlich hinauswollte.

»Aber sie gehört mir«, rief das Goldkind. »Kannst Paps fragen.«

»Das ist mir neu«, sagte Tante Sofie.

»Vera hat sie von ihrer Großmutter bekommen. Ich war selbst dabei, als Mutter sie ihr geschenkt hat«, sagte Vater.

»Aber natürlich, Alfred«, beschwichtigte ihn Tante Sofie. »Die Sache ist doch nicht der Rede wert.«

Aber für Didi war sie es durchaus. Sie steckte sich hinter ihren Vater, und Onkel Karl hatte eine kleine Aussprache mit Tante Sofie, die daraufhin mit unglücklichem

Gesicht zu Vater ging. Er kämmte mir gerade das Haar, was er gern tat, und sah sie erstaunt an. »Was hast du denn?« fragte er.

Tante Sofie tat einen tiefen Seufzer. »Karl läßt mir mal wieder keine Ruhe. Er behauptet fest, unserer Elisabeth gehöre die Spieldose, so stünde es auch im Testament. Er sagt, sie habe einen beträchtlichen Wert. Du kennst ihn ja.«

»Bin ich vielleicht ein Erbschleicher?« Vater ließ seine Gekränktheit an meinen Haaren aus, und ich schrie. »Meinetwegen kann eure Elisabeth dieses verdammte Ding haben. Ich werde es Vera erklären. Sie ist eine sehr vernünftige Person.«

Vera jedoch dachte nicht daran, eine vernünftige Person zu sein. Sie weinte und wütete, bis Vater ratlos schnauzte: »Schluß jetzt, benimm dich! Reiß dich zusammen, stell dich nicht an!«

Triumphierend zog unsere Kusine mit der Spieldose ab, und Abend für Abend mußten wir in unseren Betten mit anhören, wie aus ihrem Zimmer das Lied ertönte: ›Mein Hut, der hat drei Ecken.‹

Vera strampelte vor Wut und sagte: »Eines Tages bring' ich sie um. Ich erwürge sie mit meinen eigenen Händen.« Eine Redensart, die sie irgendwo aufgeschnappt hatte.

»Leere Drohungen«, sagte ich.

»Wirst schon sehn«, versicherte Vera.

Und jetzt stand uns Didi schon wieder ins Haus.

»Können die nicht mal in den Ferien woanders hinfahren«, brummte Billi. Vorsorglich versteckten wir, woran unser Herz hing: einen Bismarckkopf, auf dem man Gras säen konnte, eine aufziehbare Maus, den Karton mit den Papierpuppen und unsere Schuhspangen vom Lumpenmann.

Wie gewöhnlich reiste die Familie mit dem Abendzug an. Als Mamsell den Spargelpudding aus dem Wasserbad nahm, hielt der Wagen vor dem Haus. Zuerst pellte sich

Onkel Karl zappelig wie gewöhnlich aus den Decken und sprang aus dem Wagen. »Schlechte Zeiten, Alfred, schlechte Zeiten.« Er küßte Mutter die Hand. Ihm folgte, füllig und schweigsam, Tante Sofie. Sie bedachte jeden von uns mit einem freundlichen, aber abwesenden Lächeln. In der Familie galt sie als etwas eigentümlich, weil sie oft in Gedanken versunken vor sich hinstarrte. In Wahrheit war sie wohl nur ein wenig träge und litt mit stoischer Ruhe unter ihrem ungeduldigen und rechthaberischen Mann. Hinter ihr hüpfte unsere Feindin vom Trittbrett. Den Schluß bildete Wilhelma, ein gutartiges, unterdrücktes, ziemlich häßliches Wesen, das von seiner älteren Schwester unter dem Deckmantel größter Fürsorge schikaniert wurde.

»Gib mir meine Brille wieder«, hörten wir Wilhelma klagen. Sie stolperte und schlug sich das Knie auf.

Didi drehte sich nach ihr um. »Paß doch auf, Dummchen.«

»Immer nimmst du sie mir weg«, weinte die Kleine.

»Nur, damit du sie nicht verlierst.« Didi wischte ihr mit dem Taschentuch so kräftig über die Schramme, daß Wilhelma aufschrie und nach ihr schlug.

»Aber, aber!« Onkel Karl drehte sich nach seiner kleinen Tochter um. »Wie kann man sich nur so anstellen. Heb lieber deine Füße.«

»Ich seh' aber nichts«, schrie Wilhelma.

»Du mußt nicht immer das letzte Wort haben«, verwies sie der Onkel. »Kinder in deinem Alter sollten überhaupt nicht so viel reden.«

Wir Geschwister sahen uns an. Die Kleine konnte einem leid tun.

Unsere Kusine war kaum eine Stunde im Haus, und schon hatte sie es mühelos fertiggebracht, uns bis ins Mark zu kränken. Sie hatte fünf Vornamen – wir hatten nur drei. Sie besaß eine echte Vollblutstute – Vera nur ein Hinkebein als Pferd. Ich würde dieselbe dicke Nase wie Onkel Adalbert, der Puffbiber, bekommen, und für Billi sei es höchste Zeit, unser Kuhdorf zu verlassen, sonst werde sich sein Brett vorm Kopf zu einem Scheunentor auswachsen.

Vater las mir die Leviten, weil sich am nächsten Morgen auf meinem Frühstücksteller unverschämt viel Pelle der guten Schlackwurst angesammelt hatte, und blamierte mich mit der Bemerkung »du Raffzahn« vor dem Besuch. Dabei war es Didi gewesen, die ihre Pelle dazugelegt hatte. Ich rächte mich, indem ich eine Küchenschabe zerhackte, sie in ein Stück Nußtorte drückte und schadenfroh zusah, wie Didi es sich schmecken ließ. Als sie hörte, was sie da eben gegessen hatte, begann sie fürchterlich zu würgen, und ich jubelte: »Elisabeth, wie ist dein Bett, krumm oder gerade!«

Sie verpetzte mich nicht. Sie hatte ihre eigenen Methoden.

Vater veranstaltete zur Unterhaltung der Gäste ein Preisangeln, und Didi, die herumtönte: »Die Preise hat mein Paps ganz allein gestiftet«, ließ es sich nicht nehmen, mir, der Siegerin, den ersten Preis, ein großes Schraubglas voll Himbeerbonbons, zu überreichen. Dabei täuschte sie vor zu stolpern und ließ das Glas geschickt in ein Modderloch am Ufer fallen, wo es sogleich mit einem schmatzenden Geräusch auf Nimmerwiedersehn verschwand.

Scheinheilig jammerte sie: »Was bin ich bloß für ein Tollpatsch!« – und schnitt mir eine höhnische Grimasse. Vater fiel prompt auf ihr Theater herein. »Das hätte mir ebensogut passieren können, mein Kind. Mach dir nichts draus«, tröstete er sie. Ich mußte mich mit einer schäbigen Rolle Drops abfinden.

Wenn Didi nun wenigstens eine Heulsuse, ein Feigling gewesen wäre. Aber den Gefallen tat sie uns nicht. Sie sprang vom höchsten Balken ins Heu, radelte den steilsten Berg freihändig hinunter und näherte sich dem wütend mit den Hufen scharrenden Bullen auf der Weide bis auf wenige Schritte, obwohl er sich schon zweimal von der Kette gerissen hatte. Widerwillig bewunderten wir sie, wenn sie sich bei unseren Streifzügen in einer Koppel auf ein fremdes Pferd schwang und ohne Zügel und Sattel mit wehendem Haar das erschrockene Tier zu immer schnellerem Galopp zwang. Als Billi hämisch sang: ›Ach, wenn die Elisabeth nicht so krumme Beine hätt‹, setzte sie ihm ihre Elfenhand mitten ins Gesicht, daß ihm die Funken vor den Augen tanzten.

Der einzige, vor dem sie sich in acht nahm, war Bruno. Seine Wutanfälle nötigten auch ihr Respekt ab. Einmal hatte sie, um ihn zu ärgern, einen Klumpen Dreck nach seinem Kater Mauzer geworfen und ihn zielsicher getroffen. Der Kater war vor Schreck auf einen Wäschepfahl geflohen. Daraufhin hatte Bruno sie an den Haaren gepackt, hatte sie zu dem Schleifstein gezerrt, ihm einen ordentlichen Schwung gegeben und versucht, ihre Hand auf den rotierenden Stein zu drücken. Tatsächlich wäre es ihm fast gelungen, ihre Finger wie die Schneide eines Beils abzuschleifen, wäre nicht im letzten Augenblick Wilhelm Wenzel, der Stallknecht, auf der Bildfläche erschienen. Der Schreck stand Didi ins Gesicht geschrieben, aber sie weinte nicht. Im Bösen wie im Guten war sie fixer als wir, und als Veras Haar plötzlich in Flammen stand, weil sie zu nahe an eine brennende Kerze gekommen war, ergriff sie blitzschnell eine Decke und erstickte das Feuer damit.

Von unseren ständigen Streitereien bekamen die Erwachsenen nur am Rande etwas mit. Sie ahnten nichts von der wahren Natur dieses holden Engels, obwohl Didi es mühelos fertigbrachte, auch zwischen ihnen Unfrieden zu stiften.

An einem wunderschönen Sommertag, der die Luft über den Wiesen flirren ließ, saßen wir im abgedunkelten Eßzimmer und spielten das Kartenspiel ›Tod und Leben‹. Vater räusperte sich mißbilligend, als er uns entdeckte. »Was soll denn das schon wieder?« Er jagte uns an die frische Luft. Wir mußten mit den Gästen zum Baden gehen. Bepackt mit Badesachen zogen wir über die Wiesen. Es waren mindestens 28 Grad im Schatten, aber Wilhelma zockelte, große Schweißperlen auf dem feuerroten Gesicht, in einer dicken Strickjacke hinter uns her.

»Zieh sie aus«, bot sich Vera mitleidig an, »ich trag' sie dir.«

Sogleich war Didi zur Stelle. »Kommt nicht in Frage«, rief sie. »Wilhelma hat gerade erst Windpocken gehabt, sie darf keinen Zug bekommen.«

Wie auf Kommando fielen wir über sie her. Mein Bruder nahm sie in den Schwitzkasten, Vera schoß mit der Gummizwille nach ihr, und ich riß sie von hinten an den Haaren.

»Recht zänkisch, deine Kinder.« Onkel Karl zerschmolz vor Mitgefühl mit seinem Liebling.

»Das ist gar nicht ihre Art«, nahm uns Mutter in Schutz.

»Ach, hätten wir sie lieber zu Hause gelassen.« Tante Sofie schlug nach einer hartnäckigen Bremse.

»Wir können uns doch unmöglich den wundervollen Schmetterlingsstil eurer Tochter entgehen lassen, von dem Karl so viel erzählt«, sagte Vater bissig.

Während die Sonne auf uns herunterknallte und Dutzende von Grashüpfern bei jedem unserer Schritte zur Seite sprangen, wurde die Stimmung von Minute zu Minute gereizter.

»Ziemlich sauer, deine Wiesen«, meinte Onkel Karl. »Fressen die Kühe das Gras überhaupt?« Und Vater sagte: »Sollst ja so viel Pech in letzter Zeit mit deinem Inspektor gehabt haben. Hab' mich gleich gewundert, daß du den Kerl eingestellt hast.«

Als wir die Badestelle erreichten, hatten es sich die Kühe dort gemütlich gemacht. Sie standen bis zum Bauch im Wasser, und was so drum herum schwamm, zeigte, daß ihre Verdauung durchaus in Ordnung war.

Tante Sofie seufzte: »Ach du liebe Güte!« Und auch

uns war die Lust auf ein Bad vergangen. Von Mücken umschwirrt, standen wir mürrisch herum und konnten uns zu nichts entschließen.

Vater schnauzte uns an, weil der Schlüssel zum Bootshaus nicht in seinem gewohnten Versteck lag, einem verlassenen Schwalbennest unter dem niedrigen Dach. Vera stieß mich an. »Daran ist nur die blöde Didi schuld«, flüsterte sie mir zu. Schließlich machten wir uns wieder auf den Heimweg.

Die nächsten Tage verliefen erstaunlich friedlich. Es hätte uns warnen müssen, daß unsere Kusine sich jetzt so gut mit Vater verstand. Sie war dauernd um ihn herum, half ihm beim Einschlagen junger Baumpflanzen im Garten und wickelte unter seiner Anleitung mit großer Sorgfalt meterweise Angelschnur für Aalpuppen um Binsenbündel. Als sie sich genügend an ihn rangeschmissen hatte, ließ sie die Katze aus dem Sack.

»Onkel Alfred«, flötete sie, während sie ihm half, die Klematis an der Veranda hochzubinden.

»Ja, mein Kind?« Vater war prächtiger Laune.

»Du hast gesagt, ich darf mir was wünschen, weil ich dir so viel geholfen habe.«

»Wenn ich's bezahlen kann.« Vater summte: »Seht, dort schwebt die schöne Kunigunde, eben von des Henkers Hand erbleicht.«

»Ich hätt' so gern ein Tier.«

»Vera wird dir sicher gern eines von ihren jungen Meerschweinchen geben.«

»Hab' sie schon Bruno versprochen«, sagte Vera ablehnend, die mit mir auf der Veranda saß und Mühle spielte.

»Kein Meerschweinchen.« Didi senkte die Stimme, damit wir sie nicht verstehen sollten. Wir sprangen so hastig auf, daß die Steine durcheinanderflogen, und beugten uns über die Brüstung. »Ich möcht' so gern Küki.«

»Meinst du das dumme Huhn in der Küche? Das kannst du haben.«

»Vater«, riefen wir empört, »Küki gehört uns!«

»Euch gehört überhaupt nichts«, sagte Vater.

Küki war nicht irgendein beliebiges Huhn. Seine Mutter hatte es noch im Spätherbst nach beharrlichem wochenlangen Brüten einem Nestei entlockt, das wir schon für halb verfault gehalten hatten. Die Glucke war mit ihrem Küken plötzlich auf dem Hof erschienen, als bereits der erste Schnee vom Himmel stäubte. So war uns nichts anderes übriggeblieben, als es in einem Schuhkarton in der Küche großzuziehen. Küki entwickelte sich zu einem hysterisch gackernden, aber hochintelligenten Huhn. Sogar hypnotisieren konnte man es. Man brauchte nur einen Kreidestrich auf dem Küchenfußboden zu ziehen und seinen Kopf darauf zu drücken. Dann blieb es unbeweglich liegen, die Augen starr auf den Strich gerichtet. Später genügte es bereits, ihm einen Finger unter den Schnabel zu halten, um es in Trance zu versetzen. Und auf dieses Wundertier hatte Didi es abgesehen.

Mit Vater war nicht zu reden, so steckten wir uns hinter Mamsell. Aber die hatte gerade ihren mürrischen Tag und sagte: »Mir ist's nur recht, dann kommt dieses dumme Tier endlich aus meiner Küche. Macht sowieso 'n Haufen Dreck, und tu' ich's in den Hühnerstall zu den andern, wird es totgehackt.«

Und dann verließ uns Tante Sofie mit Wilhelma Hals über Kopf, weil die Kleine mit einem vereiterten Backenzahn zum Zahnarzt mußte. Einen Tag darauf gab der Nachbar Onkel Karl endlich einen kapitalen Bock zum Abschuß frei, worauf er schon die ganze Zeit bei uns gejippert hatte, und lud ihn zu sich ein. So sollte uns nur Didi erhalten bleiben. Das wollte sie natürlich auf keinen Fall. Sie ließ ihre raffiniertesten Hexenkünste spielen, damit sich Onkel Karl von ihr einwickeln ließ und sie auf das nur einige Kilometer entfernte Gut mitnahm. Sie küßte ihn und weinte, nicht eine Sekunde werde sie sich von ihrem geliebten Paps trennen.

Aber Onkel Karl hatte nur seinen Bock im Sinn und meinte ziemlich roh: »Dich, liebes Kind, habe ich ja Gott sei Dank noch ein ganzes Leben, aber den Bock, den schießt mir bestimmt ein andrer vor der Nase weg, wenn ich mich nicht beeile. Du bleibst hier und basta.«

Die verlassene und verlorene Didi zeigte sich denn auch gleich von ihrer Schokoladenseite und aß, ohne zu mucksen, einen großen Teller voll Kartoffeln mit Stippe, eine Mahlzeit, die sie sonst verächtlich als etwas für »pauvre Leute« bezeichnet hatte. Vater musterte uns mit seinem Habichtblick und drohte: »Wenn mir das Geringste zu Ohren kommt, könnt ihr was erleben.« Und das wollten wir nicht. Da gingen wir lieber friedlich ins Bett, anstatt Didi vorher noch einmal genüßlich an den Haaren zu ziehen oder das Stecknadelspiel mit ihr zu spielen, nämlich ihr mit den Borsten der Haarbürste kräftig so lange auf den bloßen Oberarm zu schlagen, bis sich rote Punkte zeigten.

Kaum waren wir jedoch eingeschlafen, wurden wir schon wieder von lauten Stimmen wach. Ich hörte Mutter im Hause herumrennen, mit den Türen klappen und rufen: »Alfred, das Kind ist weg! Sie scheint auch das Huhn mitgenommen zu haben. Sicher will sie zu ihrem Vater. Wie unangenehm!« Darauf hörte man Vater voller Selbstmitleid klagend gähnen. »Weit kann dieses verfluchte Gör ja nicht sein«, beruhigte er Mutter. »Ich mach' mich gleich auf den Weg.«

Wir zogen uns an wie der Blitz und hatten das Haus verlassen, ehe man uns bemerkte. Wir holten unsere Fahrräder aus dem Schuppen und radelten die Dorfstraße entlang an Brunos Haus vorbei. Der kam gerade, nur mit einer Unterhose bekleidet, vom Klo hinter dem Misthaufen und fragte: »Seid ihr vom Affen gebissen? Oder was macht ihr sonst hier mitten in der Nacht?« Wir sagten es ihm, und Bruno flüsterte mit glitzernden Augen: »Momang, da muß ich mit.«

Bruno setzte sich an die Spitze, und wir traten in die Pedale, daß die Fahrradketten quietschten. Die Grillen zirpten wie verrückt, und eine Himmelziege zog über unseren Köpfen meckernd ihre Kreise, als wir das Koppeltor öffneten. Wir radelten an den glotzenden Kühen und den grasenden Pferden vorbei, und die laue Nachtluft strich uns um die nackten Beine. Auf der Heubrücke machten wir halt und lauschten. Weit dehnte sich das Luch vor uns, durchschnitten von dem havelländischen Hauptkanal, und es war voller merkwürdiger und unheimlicher Geräusche. Dann hörten wir ein Huhn gakkern und sahen im Mondlicht eine kleine Gestalt den Trampelpfad am Ufer entlanghüpfen. Wir warfen die Räder auf die Bohlen, daß die Klingeln schepperten.

Und dann jagten wir sie…

9
Die herrlichen Geschöpfe

Ein Regimentskamerad setzte Vater den Floh ins Ohr, sich doch Rennpferde anzuschaffen. Der Kamerad, aus dem inzwischen ein Trainer geworden war, kam angereist, damit die Einzelheiten besprochen werden konnten. Er war irgendwann und irgendwo im Krieg mit Vater zusammen auf Patrouille gewesen und machte viel Aufhebens davon, daß ohne seine helfende Hand Vater nicht mehr am Leben wäre. Denn er hatte, trotz starkem Beschuß und feindlicher Umzingelung, sein durchschossenes Bein verbunden und ihm wieder aufs Pferd geholfen. »Ja, Gnädigste«, sagte er zu Mutter und bepustete seinen Oberlippenbart, als stünde der in Flammen, »da merkt man erst, was man einander wert ist.« Doch dann kam er sehr schnell aufs Geschäft. Er hatte da ein paar eins a Pferdchen aus einer Konkursmasse anzubieten.

»Du kommst auf Ideen«, meinte Mutter, als der Trainer wieder weg war.

»Nur auf gute.« Vater rieb sich die Hände. »Bald werden wir in Geld schwimmen.«

Der Pferdestall wurde umgebaut und Wintermärchen in den Kuhstall ausquartiert, was er uns sehr verübelte. Was sollte ein anständiges Pferd unter diesen Rindviechern! Den ganzen Tag donnerte er mit der Hinterhand gegen die Wand der Box und versetzte die Kühe damit in Panik, so daß es Schwierigkeiten beim Melken gab. Im Wald wurde eine Galoppbahn angelegt, mit Moos gepolstert und zwei Kilometer lang. Dann kamen die Pferde, um bis zum Training und der nächsten Rennsaison gesunde Landluft zu atmen.

»Sind es nicht herrliche Geschöpfe?« sagte Vater begeistert, als sie auf ihren dünnen Beinen geziert über den Hof stöckelten. »Und dieser da –«, er deutete auf ein

Pferd mit überlangen Ohren, »der ›Goldjunge‹, wird bestimmt mal ein zweiter ›Graf Isolani‹.« Bei Möpschens Anblick begannen die Tiere zu schnauben und ängstlich die Augen zu rollen.

»Recht hysterisch, diese Pferde.« Mutter trat einen Schritt zurück.

»Ihr seid eben nur Gäule gewöhnt. Und nun verzieht euch mal. Der ganze Stall voll Menschen, unmöglich.«

Die Neuen brauchten viel Pflege. Beim kleinsten Bremsenstich bekamen sie dicke Beulen. Auch waren sie recht anfällig und mußten bei feuchter Witterung in Decken gehüllt werden. Während Wintermärchen sich vor allem mit Heu zu begnügen hatte, wurden sie mit 15 Pfund Hafer am Tag gefüttert, obendrein mit Milch und Eiern. Bis sie sich eingewöhnt hatten, wurden sie von uns in der Koppel im Kreis geführt. Die Eltern sahen zu.

»Die Kinder hätten fürs Training genau das richtige Gewicht«, sagte Vater.

»Auf keinen Fall«, rief Mutter, »untersteh dich!«

Vater wartete ab, bis Mutter in die Stadt gefahren war. Dann wurden die Pferde gesattelt und wir von ihm hinaufgehoben. Er selbst wählte Goldjunge. Wir fühlten uns sehr unbehaglich, denn die Rennsättel waren flach und rutschig. Schon der Ritt durchs Dorf war ein rechter Eiertanz. Ängstlich umklammerten wir mit unseren Beinen die Flanken, was die Pferde sofort in eine schnellere Gangart versetzte.

»Ist es nicht ein wunderbares Gefühl, auf so einem Tier zu sitzen?« rief Vater. »Und nun mal einen kleinen Galopp zum Anwärmen.«

Wie ein Rudel Rehe stoben wir die Moosbahn entlang. Die Pferde wurden schneller und schneller. Der Wind pfiff uns ordentlich in den Ohren. »Ho, ho, ho!« rief Vater beruhigend. Das letzte »Ho« klang nur noch dumpf. Vater war heruntergefallen und hatte den Mund voller Moos. An der nächsten Kurve erwischte es auch uns. Die Pferde rannten ohne uns weiter um die Wette.

Vater kam zu uns gehumpelt und rieb sein zerschossenes Bein. »Hoffentlich verheddern sie sich nicht in den Zügeln. Was hast du? Warum heulst du? Ein Zahn wackelt? Keine Bange, der wächst wieder an. Sonst alles in Ordnung? Mutter erzählen wir besser nichts davon. Sie regt sich nur auf.«

Aber Mutter war früher als erwartet zurückgekehrt. Sie hatte die reiterlosen Pferde auf dem Hof herumlaufen sehen und kam uns bereits auf der Dorfstraße entgegen.

»Mit deinem Spleen bringst du die Kinder noch um!« schrie sie so laut, daß alles, was im Garten oder Stall arbeitete, sich interessiert über den Staketenzaun hängte. Ja, ja, ein Mutterherz hatte viel auszuhalten. Was der Graf so mit den Kindern anstellte! Die kleine Vera mußte sogar schon Bäume anzeichnen, wie leicht konnte ihr da die Axt ins Bein rutschen.

Vater sah sich geniert um. »Pst, pst«, versuchte er Mutter zu dämpfen. »Es ist doch überhaupt nichts passiert.«

»Das Genick hätten sie sich brechen können!«

»Aber ich doch auch«, sagte Vater zaghaft.

»Ach du, ach du!« Mutter ergriff mich bei der Hand und ging ins Haus zurück.

Vater war den ganzen Abend äußerst zuvorkommend zu Mutter – »Was für eine hübsche Bluse du heute anhast!« – und behandelte uns beim Abendbrot, ganz gegen seine Gewohnheit, wie rohe Eier. Während er uns sonst, kaum daß wir saßen, mit einem Auftrag in den Keller oder auf den Hof schickte (»Nie läßt du die Kinder in Ruhe essen!«), holte er sich diesmal selbst eine andere Flasche Wein und erlaubte mir sogar, ein Stück Schinken ohne Brot zu essen. Aber so leicht war Mutter nicht umzustimmen. Sie kam trotzdem wieder auf das Thema zurück.

»Wenn du die Kinder noch einmal auf diese Tatarengäule« – Vater sah schmerzlich bewegt auf seinen Teller – »diese Maulesel setzt«, fuhr Mutter unbarmherzig fort, »dann packe ich meine Koffer.« Eine Drohung, die sie nur benutzte, wenn Vater uns im Winter zu früh aufs Eis lassen wollte.

Vater blickte unbehaglich. Solche Szenen hielt ja kein Mensch aus. Er gab nach. »Es war ja nur ein Versuch. Ich werde einen Reitknecht anstellen, damit die Pferde bewegt werden.«

Der neue Knecht war von kleinem, zierlichem Wuchs, aber er hatte eine Riesenklappe und legte sich gleich mit Wenzel an. Der schlug auf dem Hof mit der Peitsche nach ihm, doch der Junge tanzte um ihn herum und verhöhnte ihn. Ehe Wenzel es sich versah, hatte er ihm die Peitsche entrissen und schnippte sie ihm um die Beine.

»Er oder ich!« tobte Wenzel, und Vater mußte mit Engelszungen reden, um sie miteinander auszusöhnen.

Vater bevorzugte jetzt als Lektüre die ›Sportwelt‹, die für uns nur aus Zahlen und Namen bestand. Gern las er uns vor, daß sich ein Pferd mit Namen Übeltäter als ein guter Steher entpuppt hatte, daß aber die Rheingoldtochter ihre Beine nicht fand und sehr vorsichtig geritten werden mußte.

Hinter Vaters Rücken jagte Billi die Pferde in der Koppel über Hindernisse, um sich vor seinen Dorffreunden aufzuspielen – vielleicht mit ein Grund, weshalb sie nicht hielten, was der Trainer versprochen hatte. Sie schnitten bei den Rennen nur mäßig ab, blieben meist unter »ferner liefen« und wurden wieder verkauft. Vater setzte seine ganze Hoffnung nun auf Goldjunge, der sein Debüt noch vor sich hatte. Er wurde in Berlin trainiert, und der Trainer schrieb, dieses Pferd sei eine wahre Galoppmaschine.

Zu seinem ersten großen Rennen fuhren wir hin. Am Abend vorher wuselten wir aufgeregt durchs Haus. »Was seid ihr wieder ungemütlich«, verwies uns Vater. »Ich habe meine Siebensachen längst beisammen. Ein ordentlicher Mensch braucht nichts zu suchen, der ist in zehn Minuten für jede Reise gerüstet.«

»Na, hoffentlich«, sagte Mutter.

Zum Frühstück erschien Mutter nach Rosa Centifolia duftend und in einem schilfgrünen Komplet. »Heut ist die Mode schnell und wendig, nur Bemberg-Seide ist beständig«, rezitierte Vater mit einem Seitenblick.

»Wenn wir nun mal in Berlin sind, könnten wir doch anschließend noch zur Modenschau der Goldfische gehen«, sagte Mutter.

»Goldfische? Nie gehört.«

»Na, Badeanzüge«, sagte Mutter.

»Nur über meine Leiche«, sagte Vater.

Mutter trank hastig ihren Kaffee. »Macht euch fertig, Kinder.«

»Nur nicht hetzen, wir haben noch massenhaft Zeit.«

Aber Mutter hörte nicht auf ihn. Wenzel fuhr gerade vor, als wir unsere Mäntel anzogen. Wir saßen bereits auf unseren Plätzen, da steckte Vater seinen Kopf aus dem Schlafzimmerfenster und fragte: »Wo sind denn nur wieder meine Manschettenknöpfe?« Mutter wickelte sich wieder aus ihrer Decke und ging ins Haus zurück. Das lange Warten machte die Pferde nervös. Als die Eltern endlich kamen, waren sie nicht mehr zu halten, soviel Wenzel auch an den Zügeln zog und »Brr, brr!« schrie. Er bekam sie nicht richtig zum Stehen, und Mutter mußte auf den fahrenden Wagen aufsteigen.

Sie war gereizt. »Was kaufst du bloß für Pferde.«

»Sie sind gerade erst eingefahren«, verteidigte Vater die beiden Füchse. »Die werden schon noch ruhiger.«

Mutter wickelte sich zum zweitenmal in ihre Decke. »Wenn sie so viel Temperament haben, warum fahren wir dann nur Schritt?«

Aber was das Tempo betraf, da ließ Vater nicht mit sich handeln. Wie leicht konnte so ein junges Tier überanstrengt werden. Am liebsten hätte er gesehen, daß wir vor jedem Berg ausstiegen und zu Fuß gingen. Wenzel mußte ein großes Stück vor dem Kleinbahnhof halten, damit die Tiere nicht von der Lokomotive erschreckt wurden. Billi wurde vorausgeschickt, um dem Lokomotivführer Bescheid zu sagen, daß wir nachkämen.

»Nun beweg mal ein bißchen die Beine, Junge«, ermunterte ihn Vater, »sonst fährt der Zug womöglich ohne uns ab.«

In Berlin gingen wir auf dem Lehrter Bahnhof in den Wartesaal Zweiter. Vater bestellte für jeden eine Hühnerbrühe, und dazu aßen wir unsere Schmalzstullen. Dann fuhren wir raus nach Hoppegarten. Auf dem Weg zum Eingang des Rennplatzes riß mein Schlüpfergummiband. »Dieses Kind«, stöhnte Vater. Die Familie bildete einen Schutzwall um mich, und Mutter steckte mir den Schlüpfer mit einer Sicherheitsnadel am Leibchen fest.

»Sonst noch was kaputt?« sagte Vater und grüßte hierhin und dorthin. Wir trafen viele Bekannte, machten Knickse, gaben Handküsse und wurden dann nicht mehr beachtet. Mutter erzählte allen: »Wir haben hier unser eigenes Pferd laufen.« Man sah sich vielsagend an. Onkel Adalbert, der Puffbiber, der ein recht aufwendiges Leben führte und dazu Vater noch einen Batzen Geld schuldete, rückte den plakettengeschmückten Riemen seines Feldstechers zurecht. »Könnt ihr euch das denn leisten?« fragte er.

Vater drängte sich mit uns im Schlepptau zum Führring, wo Goldjunge schon mit anderen Pferden herumgeführt wurde. »Wem gehört denn dieses Roß?« fragte jemand. »Der dreht ja jetzt schon mit dem Schwanz.« Dann begaben wir uns auf unsere Plätze auf der Tribüne. Vater tat einen Blick ins Programm. »Hast du gesetzt, wie ich dir gesagt habe?« fragte er Mutter.

»Hab' ich. Das war vielleicht ein Gedränge am Totalisator.«

Vater ließ es sich nicht nehmen, uns alles genau zu erklären. »Dort ist die Waage, da müssen die Jockeys vorher mit den Sätteln gewogen werden, damit kein Schmuh gemacht wird, und da hinten geht es los.« Die

Pferde für das erste Rennen galoppierten die Bahn entlang. »Das ist erst der Aufgalopp, damit die Pferde sich warmlaufen, ehe sie starten.«

»Wir sind nicht zum erstenmal auf einem Rennplatz.« Mutter ließ ihren Blick über die Tribüne schweifen. »Guck mal, Irmgard mit Mann. Da muß ich hin.«

Vater blickte enttäuscht. »Jetzt, wo Goldjunge gleich an der Reihe ist, gehst du weg?«

»Ach, bis dahin bin ich längst wieder zurück.«

»Manchmal verstehe ich eure Mutter wirklich nicht«, beklagte sich Vater. »Ich meine, von dem Rennen hängt viel für uns ab, Goldjunge ist schließlich wichtiger als irgendeine Irmgard.«

Endlich war es soweit. Goldjunge erschien mit den anderen am Start. Vater hielt es nicht mehr auf der Tribüne.

»Aber von hier siehst du doch viel besser«, meinte Billi.

»Nein, nein, ich muß runter.«

Ich wollte ihm nach, da brach das Brett unter mir, ich trat ins Leere und sauste in die Tiefe. Als ich wieder zu mir kam, lag ich unter der Tribüne auf dem Rasen und starrte in lauter fremde Gesichter, die sich über mich beugten und auf mich einredeten.

»Liegen lassen, nicht anfassen«, kommandierte eine energische Frauenstimme.

»Hier zieht's aber wie die Pest, das Kind wird sich noch eine Lungenentzündung holen«, sagte jemand.

Schließlich wurde ich auf eine Trage gelegt und ins Sanitätszelt gebracht. Dort lag schon eine wimmernde Dame, die ein Fernglas auf den Kopf bekommen hatte. Der junge Arzt verband meinen zerschrammten Arm, dann hob er meine rechte Hand und sagte: »Spreiz mal die Finger, wie viele siehst du?«

Mir wurde ganz unheimlich. »Weiß nich«, sagte ich weinerlich.

»Beweg mal deine Beine.«

»Kann nich.«

»Wir sollten sie in ein Krankenhaus bringen«, meinte

der Doktor, »sie hat anscheinend einen schweren Schock.«

Doch da kam Mutter ins Zelt gestürzt. Sogleich fand ich meine Beine wieder und rettete mich in ihre Arme.

»Mein armes Kind! Kann ich sie mitnehmen?«

Der Doktor wiegte den Kopf. »Die Reaktionen sind ja plötzlich erstaunlich gut. Ich glaube, es bestehen nun keine Bedenken mehr.«

Tatsächlich fühlte ich mich, auf Mutter gestützt, ganz in Ordnung. Draußen drehte sich jeder nach mir um, und ich hörte die Menschen sagen: »Das ist die Kleine, die von der Tribüne gefallen ist. Hab' die Knochen ordentlich krachen hören.« Und ein dicker Mann tat sich wichtig: »Wäre fast auf sie draufgefallen, wenn man mich nicht in letzter Sekunde festgehalten hätte.«

Onkel Adalbert ließ sich herab, uns in seinem Auto zum Lehrter Bahnhof zu bringen. »Mit diesem Pferd hast du dich wohl etwas übernommen«, sagte er zu Vater.

Mutter löste im D-Zug ein Billet Zweiter für sich und mich und bettete mich auf die Sitze. Dem Schaffner gefiel das nicht. Mein Ruhm war anscheinend noch nicht bis zu ihm vorgedrungen. »Ich bin das Kind, das von der Tribüne gefallen ist«, teilte ich ihm mit.

»Hauptsache, du hast deine Schuhe ausgezogen«, war alles, was er darauf erwiderte.

Vater stand in der offenen Abteiltür und sah auf mich herab.

»Wir sollten besser für sie ein Taxi nehmen«, meinte Mutter besorgt. »Das Gerüttel auf dem Jagdwagen wird ihr bestimmt nicht guttun.«

»Das können wir uns nicht leisten, wo sich Goldjunge als ein solcher Versager entpuppt hat«, sagte Vater mürrisch.

»Wieso habe ich dann so viel Geld für ihn bekommen?« Mutter öffnete ihre Handtasche. Sie war vollgestopft mit Scheinen.

»Auf wen hast du bloß gesetzt?«

»Auf wen wohl«, sagte Mutter ärgerlich. »Ich hab's extra im Programm angestrichen.«

»Zeig mal her. Hier steht Narrengold«, sagte Vater, »und der lief im ersten Rennen.«

»Narrengold?« fragte Mutter unsicher. »Hab' ich auf Narrengold gesetzt?«

»Ein blindes Huhn«, sagte Vater.

»Und was wird nun aus Goldjunge?« fragte ich.

»So wie der läuft, wohl bald Pferdefleisch«, sagte Vater.

Das ging ja nun auf keinen Fall. Wir setzten Vater so lange zu, bis er Goldjunge wieder zurückholte. Der ließ seine langen Ohren wie ein Hase hängen, als wir ihn am Güterbahnhof in Empfang nahmen. »Er schämt sich«, sagte Billi.

Goldjunge bekam bei uns das Gnadenbrot, er freundete sich mit Wintermärchen an und graste mit ihm Kopf an Kopf friedlich in der Koppel. Bald erinnerte nur noch die Moosbahn und eine leere Konfektschachtel an unsere glorreiche Zeit als Rennstallbesitzer. Die Konfektschachtel hatte die Form einer Kommode, besaß richtige Schubladen und eine seidene Quaste. Der Rennverein hatte sie mir als Trost für den Unfall geschickt.

10
Die Beerdigung

Nach dem Fiasko mit den Rennpferden wurde Vater recht mäkelig. Dauernd nörgelte er herum, in diesem Hause herrsche eine ungeheure Verschwendung. Jede Kerze mußte bis zum letzten Wachs verbraucht, jeder krumme Nagel wieder geradegeklopft werden. Als Mutter aus der Stadt mit Apfelsinen zurückkehrte, war er ganz verstört. »Eine ganze Kiste voll, wohin soll das führen!« Eine Woche später teilte er uns so ganz nebenbei mit, er habe die Jagd verpachtet.

»Wenn du das fertigbringst, muß es ja schlimm um uns stehen.« Mutter strich sich die Leberwurst so dick aufs Brot, als sei es das letzte Mal.

»Es ist mehr eine Gefälligkeit«, erklärte Vater. »Da ist so ein Direktor Hasenpflug aus Berlin, der läuft deswegen schon lange hinter mir her.«

»Wahrscheinlich hat er dich auf Knien darum gebeten.«

»Ich mach' mit meiner Jagd, was ich will.« Vater wurde bockig.

Der Jagdpächter entpuppte sich als ein umgänglicher Mann, dem die Gutmütigkeit aus den Augen leuchtete. Er stand – und dies nicht nur, weil er ein schwaches Herz hatte – unter strenger Bewachung seiner Frau Marianne, die kaum geradeaus gucken konnte aus Furcht, ihn aus den Augen zu verlieren. Mit seinen jagdlichen Ambitionen war es allerdings nicht weit her. Auch war er alles andere als ein schießwütiger Jäger. Nur auf Hochsitze legte er Wert. Sie entstanden in großer Zahl über den ganzen Wald verstreut. Bald wurde klar, warum. Dort hatte er Ruhe vor seiner Frau, der auf den steilen Leitern schwindelig wurde. »Herbert, wo steckst du?« hörten wir es jetzt häufig durch den Wald schallen. Jeder Hochsitz mußte mit einem kleinen Verschlag versehen werden.

Dort schloß er seinen Rotwein ein, der für ihn ebenso wichtig war wie das Gewehr. Statt dröhnender Schüsse drang gelegentlich nur lautes Schnarchen bis zu den friedlich auf der Lichtung äsenden Tieren. Es mußte sich unter dem Wild herumgesprochen haben, daß von diesem Jäger nichts zu befürchten war. Noch nie hatten wir so viel Rotwild im Revier gehabt. Während unsere Nachbarn zitternd vor Jagdfieber an der Grenze ruhelos auf und ab patrouillierten in der stillen Hoffnung, irgendwann werde ein Hirsch auch mal zu ihnen herüberwechseln, tummelte sich bei uns eine Auslese kräftiger Hirsche, die sich sorglos nachts bis zu den Gärten wagten.

Untergebracht war das Ehepaar am Dorfende bei Bauer Klein. Da der Jagdpächter mit Geld nicht knauserig war, hatte man ohne viele Umstände Oma und Opa aus dem Anbau, dem Altenteil, ausquartiert und in den Schoß der Familie zurückgeholt, wo sie in einer kleinen Kammer mit dem jüngsten Enkelkind schliefen. Der Anbau wurde renoviert und von Frau Marianne mit Tüllgardinen und viel Besticktem in ein »behagliches Nest« verwandelt.

Zeigten Frau Stephanie und ihr Mann, der Professor, mehr andächtiges Staunen vor uns prächtigen, schlichten Landmenschen, neigte Frau Marianne zu der Auffassung, daß wir armen Unwissenden noch viel zu lernen hatten und daß wir so schnell wie möglich mit ihrer Hilfe damit beginnen sollten.

»Ist es wahr, daß hier kaum rohes Gemüse gegessen wird?« sagte sie zu Mutter. »Immer nur Zusammengekochtes und ewig dasselbe Bratfett? Wie ungesund!«

Sie hatte es ganz besonders auf die Jungfer Zech abgesehen. Sie riet ihr, Bruno bei seinen Anfällen zur Beruhigung in eine Wanne mit warmem Wasser zu stecken, was Bruno sehr empörte. Er haßte Wasser und badete auch im See nur, wenn es sehr heiß war. Sie sprach vertraulich mit ihr von Frau zu Frau. Sie redete und redete, und die Jungfer Zech schälte dabei Kartoffeln oder kochte Rote Beete und nickte zustimmend mit dem Kopf, denn der

Jagdpächter, dieser hochherzige Mann, hatte ihr gerade eine Ziege geschenkt, weil die alte sich in Vaters Klee überfressen hatte und an heftigen Koliken eingegangen war. Die Jungfer Zech trug auch die abgelegten Kleider von Frau Marianne – »Wenn sie nicht barftbeenig wäre, könnte man sie fast für einen Zwilling halten«, sagte Vater – und erschien jetzt zum Heuen mit einem großen schwarzen Strohhut voller Blumen. Aus Dankbarkeit, vor allem dem Herrn Direktor gegenüber, befreite sie den Jagdpächter von einer schmerzhaften Gürtelrose, die sie ihm bei Mondenschein erfolgreich bebötete.

Frau Marianne war das gar nicht recht. »Das ist doch alles Aberglaube, Herbert. Mach dich nicht mit den Menschen hier gemein, geh lieber zum Professor.«

»Der hat mir sehr dazu geraten«, sagte Herbert.

Nur an Mamsell traute sie sich nicht mehr recht heran. Als sie die Köchin sehr diskret darauf aufmerksam gemacht hatte, daß Tiere in der Küche doch sehr unhygienisch seien, hatte Mamsell geantwortet: »Besser eine Katze im Bett als einen Vogel im Kopf.« Dabei hatten Hasenpflugs selbst einen Jagdhund, der allerdings im Schuppen schlafen mußte und nicht am Familienleben teilhaben durfte.

Auch Mutter blieb nicht verschont. Frau Hasenpflug schenkte ihr einen bürstenen Fußabtreter in Form eines Dackels, der von jetzt an vor unserer Haustür Wache hielt, und riet ihr, Vera und mir Sonntagsschürzen zu kaufen. »Das hat so was Adrettes.«

Bei einer Tasse Kaffee sprach sie gern von sich und Herbert, wo sie ihn kennengelernt hatte und wie glücklich er mit ihr war. »Ohne mich wäre dieser Mann verloren«, sagte Frau Hasenpflug und schilderte dann ihre Verlobung. »Eine große Mitgift haben wir nicht zu vergeben«, hatte ihr Vater gesagt, als Herbert um ihre Hand anhielt, »aber dafür eine reine Tochter.«

Wenn sich Frau Marianne nicht gerade in ihrem Gärtchen auf ihre Pflanzen stürzte, die aussahen, als würden sie jeden Tag mit einem Staubtuch abgewischt, war das

Pilzesammeln ihre große Leidenschaft. Sie schnappte uns die schönsten Champignons weg und roch förmlich, wo sie wuchsen. Doch ab und an begleitete sie auch ihren Mann auf die Pirsch. Im Gegensatz zu ihm wollte Marianne Blut sehen, mal wieder was Ordentliches im Kochtopf haben. »Herbert, da sitzt was, schieß!« hörten wir sie ihn anfeuern, und Herbert schoß gehorsam, vor Angst fast ohne hinzusehen.

So brachte er es fertig, meinen Eduard zu erlegen, der arglos des Wegs gehoppelt kam und sich am Altweibersommer erfreute. Der schwarze Eduard war früher ein Stallhase gewesen. Nachdem sein Vater versucht hatte, ihm die Ohren abzubeißen, hatte er eine große Abneigung gegen seine Familie entwickelt. Zweimal hatte er sich beim Ausmisten davongemacht, war aber jedesmal wieder von mir eingefangen worden. Beim drittenmal kam er, von den spielerischen Pfoten der Hofkatze getrieben, unter der Dreschmaschine zum Vorschein. Er blickte mich aus seinen Kaninchenaugen so verzweifelt an, daß ich ihm die Freiheit gab. In den ersten Wochen hätte ihn das fast das Leben gekostet. So erwischte ihn beinahe ein Habicht auf der Koppel. Eduard floh unter einen Hühnertrog, und der Habicht griff sich das Huhn, das erschreckt von Eduards unerwartetem Erscheinen dort hervorgegackert kam. Er verlor große Büschel seines schwarzen Fells, ehe es ihm gelang, die Reichweite der Kette, an der unser Hofhund hing, richtig abzuschätzen, und an seinem Übernachtungsplatz in der Scheune setzten ihm Ratten und Iltisse zu. Aber Eduard schaffte das Leben in der freien Natur. Er wuchs und wuchs, wurde kugelrund und fürchtete niemand mehr. Nicht einmal den Fuchs. Diesem schönen Hasenleben hatte nun Herbert ein vorzeitiges Ende gesetzt.

Ich heulte, als ich ihn an der Jagdtasche des Pächters baumeln sah. Herr Hasenpflug war ganz aufgelöst über meinen Kummer und stotterte: »Das wollt' ich nicht, das wollt' ich nicht. Wie konnte mir das nur passieren?«

»Das kann ich dir genau sagen«, fuhr Frau Marianne auf ihn los. »Hundertmal hab' ich gesagt, Herbert, kauf dir eine Brille.«

Während wir noch herumstanden, war die Jungfer Zech bereits wieselflink zur Stelle, griff sich Eduard – »Is doch gestattet, wie?« – und schleppte ihn ab. Nicht einmal begraben konnte ich ihn und mußte mir später noch von Bruno anhören, wie zart sein Fleisch gewesen war.

Der Jagdpächter drehte sich um und ging davon.

»Herbert, wo willst du denn hin?« rief seine Frau.

»Nun lassen Sie ihn schon«, sagte Vater.

Als wir gerade zu Bett gehen wollten, klopfte es an der Haustür. Es war Frau Hasenpflug. Sie war ganz aufgelöst, weil ihr Mann noch nicht zurück war. Vater bot sich an, ihn zu suchen. »Aber wo?« schluchzte Frau Marianne.

»Fangen wir im Wald an.« Vater griff nach dem Mantel. Wir durften mit.

»Herr Hasenpflug! Herr Hasenpflug!« riefen wir im Chor, daß es durch den Wald schallte und Tauben, aus ihrer Nachtruhe aufgeschreckt, hochflatterten. Wir lauschten. Nichts. Keine Antwort. »Vielleicht hat er sich am See auf Enten angesetzt«, meinte Vater.

»Nein, nein«, schluchzte seine Frau gedämpft, »er muß auf einem Hochsitz sein.«

Wir klapperten sie der Reihe nach ab. Dreißig an der Zahl. Nach dem zehnten sagte Vater, er fühle sich wie nach einer Gebirgswanderung, und wir sollten gefälligst nicht so faul sein. Schließlich bestieg ich einen, an dessen Leiter zwei Sprossen fehlten, und blickte über die Brüstung. Da saß Herr Hasenpflug, hatte eine Flasche Rotwein neben sich und schien fest zu schlafen. Ich kletterte wieder hinunter. »Er ist hier oben«, rief ich, »er schläft.«

»Warum hast du ihn nicht geweckt?« Vater hangelte sich mühsam, das zerschossene Bein nachziehend, die Leiter hoch. »Alles muß man selber machen.«

»Herr Hasenpflug«, hörten wir ihn sagen, »Herr Hasenpflug!« Ziemlich blaß kam er die Leiter wieder herunter. »Mausetot, mausetot«, murmelte er vor sich hin. »Wie bring' ich's ihr nur bei.«

Der Jagdpächter wurde auf dem Dorffriedhof unter großer Anteilnahme beigesetzt. Wie tragisch für den Mann, ausgerechnet zu Beginn der Hirschbrunft sterben zu müssen. Wagen auf Wagen rollte über die mit Mistfladen bedeckte Chaussee und hielt vor der Kirche.

Leider war unser Pastor verhindert. Er war beim Äpfelpflücken vom Baum gefallen und lag mit verstauchtem Knöchel zu Haus. Sein Vater und sein Großvater hatten schon das Wort Gottes der Gemeinde in die Ohren geblasen und den Konfirmanden die Zehn Gebote eingebleut. Seine Predigten waren kurz, aber kernig. Nun mußte er von einem Kollegen vertreten werden. Der kam aus der Stadt, fand alles recht sonderbar und schien dazu sehr kurzsichtig zu sein, denn er fiel fast über Küki, das gerade auf der Dorfstraße ein Sandbad nahm. Seine Unsicherheit überspielte er durch ein besonders forsches Auftreten. Der militärische Ton, in dem er die Witwe nach dem Toten befragte, schüchterte sogar Frau Marianne ein. Das Gespräch versandete schnell, und der Pastor verließ recht unbefriedigt das Haus.

Die Kirche war rappelvoll, teils zu Ehren des Toten, teils, weil man auf den fremden Pastor neugierig war, und auch, weil man sich mal wieder so richtig sattweinen wollte. Durch die staubigen Bogenfenster malte die Oktobersonne Kringel auf Glatzen, Backsteinboden und Bibeln, und das Gezeter der Spatzen im Efeu wurde durch schrilles Kindergeschrei auf dem Kirchplatz übertönt, so daß gelegentlich eine der Mütter nach draußen huschte, um nach dem Rechten zu sehen.

Der Pastor bestieg die Kanzel. Er nannte uns »liebe Leidtragende«, und wir bemühten uns redlich, seinen mit vielen lateinischen Wörtern gespickten Gedankengängen zu folgen. Zum Schluß richtete er den Zeigefinger auf eine einsame Gestalt in der vordersten Reihe, die laut vor sich hinschluchzte und ab und zu ihren großen schwarzen Strohhut zurechtschob. »Sie haben ihn in schweren Stunden getröstet –« Durch die Gemeinde ging eine leichte Bewegung. »Sie haben ihm die schönsten Stunden seines Lebens geschenkt –« Die Unruhe nahm zu. »Wohin er ging, sind auch Sie gegangen. Wenn er unglücklich war, waren Sie es auch, denn die Liebe war mit Ihnen.« Der Pastor kam ordentlich in Schwung. Da erhob sich der Kirchenälteste, zwängte sich aus der Bankreihe, ging mit knarrenden Sonntagsstiefeln den Gang entlang und stellte sich unter die Kanzel. Der Pastor stockte.

»Herr Pastor«, flüsterte der Bauer, »Herr Pastor, die Witwe sitzt *dort*.« Er zeigte auf die Bank, auf der Frau Marianne Platz genommen hatte und empört um sich blickte, während die Jungfer Zech nicht weit von ihr entfernt sich ganz ihren Tränen hingab.

Der Pastor beendete hastig seine Predigt, und wir verließen die Kirche. Draußen suchte Vater vergeblich nach seinem Kranz. »Zum Donnerwetter, ich hab' ihn doch hier gegen die Laterne gelehnt.« Als wir ihn endlich wiederfanden, konnte man nur noch ahnen, mit welcher Sorgfalt er gebunden worden war. Frau Klose hatte ihrem Jüngsten damit ein paar Ordentliche übergewischt.

Der Trauerzug zum Friedhof mußte alle Augenblicke anhalten, weil ein Mistwagen sich an die Spitze gesetzt hatte, dessen Pferde im Schneckentempo dahinkrochen. Am offenen Grab riß sich der Hund des Jagdpächters von der Leine und hetzte laut kläffend ein Wildkaninchen über die Gräber.

»So eine Beerdigung hat dieser nette Mann nicht verdient«, sagte Mutter. »Die arme Frau Marianne. Dieser Superintendent ist wirklich ein Trottel.«

Vater schnitzte dem Sattelpferd die Peitsche über den Rücken. »Wer weiß, wer weiß, vielleicht war die Verwechslung ein Fingerzeig Gottes. Der Jagdpächter hielt ja große Stücke auf die Jungfer Zech.«

»Sei nicht geschmacklos, Alfred.«

Frau Marianne kündigte die Wohnung, nahm die Tüllgardinen ab, packte die Sofakissen ein und rüstete sich zur Abreise. Sie versäumte nicht, vorher der Jungfer Zech das Geld für die Ziege abzuknöpfen. Geschenkt? Wer kam denn auf so was! Zinslos geborgt, war das nicht schon großzügig genug gewesen? Die Jungfer Zech war da anderer Meinung – bitte, dann werde sie sich eben einen Anwalt nehmen.

Die Jungfer Zech barmte so sehr, daß Vater nichts anderes übrig blieb, als die Ziege zu bezahlen. Dafür erbten wir den Hühnerhund des Jagdpächters. Er hatte viele Flöhe, war sehr wasserscheu und apportierte viel lieber Holzstückchen und Bälle als Enten und Fasanen.

11
Das rote Licht

Ganz überraschend mußte uns unsere langjährige Mamsell von einem Tag auf den anderen verlassen. Ihre Mutter war gestorben, und sie wurde auf dem elterlichen Hof gebraucht. Wir fühlten uns wie Schwalbenjunge, denen man statt leckerer Mücken und Fliegen plötzlich Kieselsteine in den Schnabel stopft; denn Brunos Mutter, die Jungfer Zech, hatte nun das Kochen im Forsthaus übernommen, und die war außer auf Kartenlegen hauptsächlich auf angebrannte Erbsensuppe spezialisiert.

»Auf dieses nahrhafte Gericht kann ich weiß Gott bis zur nächsten Treibjagd verzichten.« Vater fischte angewidert kleine Steinchen aus der Suppe und drapierte sie auf dem Tellerrand. »Werden denn diese Dinger nicht vorher gewaschen?«

Mutter zuckte die Achseln. »Ich tu', was ich kann, aber du weißt, wie schwer es ist, Personal in dieser Wildnis zu bekommen.«

»Wildnis verbitte ich mir«, sagte Vater aufgebracht. »Meine Schonungen und Kulturen sind vorbildlich.«

»Als wenn es darum ginge«, sagte Mutter.

Tatsächlich klangen Mutters Anzeigen, in denen sie nach einer neuen Mamsell suchte, von Mal zu Mal hymnischer. Gelegentlich kamen auch Bewerberinnen, um unser »reizendes Fleckchen Erde«, unser »harmonisches Familienleben« und unser »behagliches Heim« in Augenschein zu nehmen. Sie warfen einen bestürzten Blick auf den altmodischen Herd, die Pumpe in der Ecke, die jedesmal erst mühsam angegossen werden mußte, juchzten erschrocken beim Anblick der Kröte, die sich unter dem Spülstein eingenistet hatte, und waren völlig desinteressiert an dem »herrlichen Ausblick über Feld und Wald«, der sich ihnen von ihrem Kammerfenster aus bot und auf den aufmerksam zu machen Mutter nie versäumte. Sie nahmen Lore beiseite und fragten: »Mensch, wie hältste das hier bloß aus?« Und eine verstieg sich sogar zu der Vermutung: »Bestimmt gibt's hier im Winter noch Wölfe.«

Damit wir überhaupt schlachten konnten, überließ uns die Landrätin großzügig ihre Köchin. Aber die fand sich in dem fremden Haushalt nicht zurecht, und unser Bernhardiner, der sabbernd überall dazwischen wuselte, machte sie so konfus, daß die Blutwurst im Kessel anbrannte und zuviel Thymian in die Leberwurst geriet, was Vater nicht mochte.

Der Sommer kam, und der Garten schwappte über von Früchten. Himbeeren, Erdbeeren, Johannisbeeren und Stachelbeeren warteten darauf, gepflückt und eingeweckt zu werden, soweit uns nicht zu Mutters heimlicher Erleichterung Amseln und Spatzen die Arbeit abnahmen. Vater, der nie genug bekommen konnte, hatte gerade wieder neue Beete mit Stangenbohnen angelegt, und Mutter stöhnte: »Was sollen wir bloß damit, wer soll denn das alles pflücken!«

»Dazu haben wir ja Kinder«, sagte Vater.

Doch zum Glück blieb uns das Schlimmste erspart, denn die Karten der Jungfer Zech behielten recht: Das große Glück kam übern kurzen Weg. Es meldete sich eine Mamsell, mit Referenzen aus höchsten Kreisen. Die letzten Jahre war sie bei einem französischen Grafen in Stellung gewesen. Er hatte ein Schloß in der Provence und eine Villa in Paris besessen, aber dann unerwartet Bankrott gemacht.

»Paris«, sagte Mutter andächtig. »Der Louvre! Versailles! Das müßt ihr euch mal vorstellen!«

Das konnten wir nicht. Wir hatten keinen Schimmer, wovon sie eigentlich redete, und Vater sagte: »Tja, wenn du von Sanssouci gesprochen hättest! Und da haben sie die großen Latschen bei der Schloßbesichtigung auch mehr beeindruckt als der ganze große Friederich!«

»Kein Wunder«, bemerkte Mutter, »wo es in diesem Haus nur einen Gesprächsstoff gibt: Bäume und Pferde.«

»Du hast die Verwandtschaft vergessen, dein Steckenpferd«, erinnerte sie Vater mit sanfter Stimme. »Doch jetzt, wo wir eine Pariserin ins Haus bekommen, wird das unsere Unterhaltung sehr bereichern.«

Als einzige hatte Mutter die neue Mamsell bisher zu Gesicht bekommen. Als sie sich vorstellte, waren Vater und wir unterwegs gewesen. Bei der Hausbesichtigung hatte die »Pariserin« keinerlei Reaktion gezeigt. Nicht einmal beim Anblick der Kröte, die sich gerade, wieder einmal auf ihre angemaßten Rechte pochend, trotzig die Treppenstufen herunterschleppte. Mutter gelang es nicht, sie schnell mit der Schuhspitze unter einen Kartoffelkorb zu schieben, aber das Gesicht der neuen Mamsell blieb unbewegt. Erst als sie Möpschen sah, erhellten sich ihre Züge.

»Was für ein Hund«, murmelte sie, und der Bernhardiner, als ahnte er, was auf dem Spiele stand, sabberte kein bißchen, sondern reichte ihr höflich eine Pfote. »Reichlich mager«, bemerkte die Mamsell und streichelte ihn liebevoll. Mutter schürte sogleich das Feuer und sagte: »Er ist in letzter Zeit viel zu kurz gekommen, höchste Zeit, daß sich endlich wieder jemand um ihn kümmert.« Was Möpschen mit gefühlvollem Jaulen und tiefen Seufzern bestätigte.

»Wenn ihr mich fragt, kommt sie nur wegen Möpschen«, sagte Mutter. »Oder« – Vater deutete selbstzufrieden mit der Zigarre auf unseren ausgedörrten Rasen vor dem Haus mit seinen Quecken und Sandlöchern – »weil ihr das hier alles sehr gefällt. Zwei Seen, die hat nicht jeder!«

»Mehr Modder als Wasser. Du tust ja gerade so, als sei die Plötzenkuhle die Bucht von Palermo.«

»Du und dein Italien. Labbriges Land.« Vater verließ gekränkt die Veranda, auf der wir saßen und Erbsen pahlten.

»Wie sieht sie denn aus?« wollten wir wissen. Mutter tat geheimnisvoll. »Wartet nur ab, ihr werdet staunen.«

Das taten wir auch. Alle Augenblicke liefen wir in die Küche und wieder zurück ins Wohnzimmer, um den Eltern weitere interessante Beobachtungen mitzuteilen.

»Die hat vielleicht einen Busen!« Billi war ganz überwältigt.

»Sie pudert sich«, sagte Vera.

»Und trägt Smaragde im Haar«, gab ich meinen Senf dazu.

Mutter rief uns zur Ordnung. »Was soll denn das, dauernd in die Küche rennen und sie anstarren! Sind wir hier vielleicht im Zoo? Macht lieber eure Schularbeiten.«

Doch sie predigte tauben Ohren. Wir fanden die neue Mamsell einfach pyramidal! Ihre fliederfarbene Bluse, die sie zu einem braunen Rock trug, ihr glattes, schwarzes Haar, das in einer schwungvollen Welle fast ihr rechtes Auge verdeckte und am Hinterkopf von einer mit grünen Steinen besetzten Spange zusammengehalten wurde, ihr weißes Gesicht, das aussah, als sei Maler Blumenthal aus Versehen mit dem Kalkpinsel darüber gefahren. Für eine Köchin war sie erstaunlich mager, bis auf den Busen, der ihrer Figur die Schnittigkeit unserer geschnitzten Borkenschiffchen gab und alle Blicke auf sich zog. Ihre Art, sich einem zuzuwenden, schuf Distanz, und ihre großen Füße setzte sie so behutsam, als fürchtete sie, jeden Moment in eine Fuchsfalle zu treten. Vater gefiel sie nicht schlecht. »Sieht ein bißchen aus wie vom Vampir benagt. Dieser helle Puder ist wohl Pariser Schick.«

Mamsell machte ihren Zeugnissen Ehre. Bald füllten sich die Regale im Keller reihenweise mit Eingemachtem, mit Kompott-, Marmeladen- und Geleegläsern, und Mutter brauchte sie nur noch zu beschriften, was sie mit großer Sorgfalt und vergnügt vor sich hinsummend tat.

Wenn wir uns allerdings eingebildet hatten, unsere Küche werde es von jetzt an mit der des »Adlon« aufnehmen können, so sahen wir uns getäuscht. In Mamsells Augen waren wir »kleiner Landadel«, und an solche Leute verschwendete sie ihre Kochkunst nicht, da genügte schlichte Hausmannskost. Es nützte nichts, daß Mutter ihre französische Abkunft betonte und ihr so nebenbei erzählte, das Gut sei bereits seit sechshundert Jahren in der Familie. Mamsell konnte sie damit nicht imponieren. Edelleute wie uns gab es eine Menge, aber einen Edelmann, wie es ihr Marquis gewesen war, nur einmal. In schöner Regelmäßigkeit kamen daher weiterhin Bechamelkartoffeln, verlorene Eier und Kartoffeln mit Stippe auf den Tisch, ohne daß es Mutter gelang, sich durchzusetzen.

Gelegentlich ließ Mamsell sich herab und öffnete mir und Möpschen das Tor ihrer glanzvollen Vergangenheit. Dann ließ sie das gewaltige Wasserschloß ihres Marquis mit Prunk und Pomp und riesigen Taxushecken entstehen, die alle nach dem Abbild seines Lieblingshundes geschnitten waren.

»Mein Vater is auch 'n Graf«, sagte ich.

Mamsell wandte mir ihr großflächiges, großäugiges Gesicht zu. »Ach, Kind«, sagte sie.

Ich erfuhr, daß der Marquis nicht nur ein Aristokrat vom Scheitel bis zur Sohle gewesen war, sondern außerdem ein großer Erfinder. Die Kostproben seiner Genialität waren allerdings nicht sehr überzeugend. So schenkte Mamsell unserer Mutter zum Geburtstag einen von ihm entworfenen Tropfenfänger, wie es ihn zu Dutzenden im Kaufhaus Conitzer gab. Mutter traute sich nicht, das Ding in einer Schublade verschwinden zu lassen. Der Tropfenfänger mußte benutzt werden, obwohl er häufig wie vom Katapult geschossen über den Tisch schnellte, so daß die Landrätin bei einem ihrer Besuche leicht mokant bemerkte: »Wie originell, liebe Gräfin!«

Von einer Verbrüderung mit dem Dorf hielt Mamsell nichts. Nur ab und zu ließ sie sich im Nachbardorf in der »Perle des Westhavellandes« sehen, wohin ich sie auf dem

Rad begleiten durfte. Dann schritt die Pariserin bedächtig und hoheitsvoll an den Tischen der Skat spielenden Bauern vorbei und erwiderte mit leichtem Neigen des Kopfes deren respektvollen Gruß. Sie bestellte Kaffee für sich und Brause für mich, trank mit abgespreiztem kleinen Finger ein Likörchen und ließ mich an einem Kasten mit zugeklebten Löchern mein Glück versuchen. Traf man mit einer Stricknadel das richtige Loch, rollte eine goldene Kugel hervor. Man hatte den ersten Preis gewonnen: eine angestaubte Packung Pralinés Marke Feodora.

Der Krämer, der sonst nur mit seinem Wagen auf dem Hof hielt und uns lediglich mit einem kräftigen Bimmeln auf sich aufmerksam machte, brachte jetzt eigenhändig die Ware ins Haus und ließ es sich nicht nehmen, Mamsell gelegentlich kleine Geschenke mitzubringen.

Onkel Karl nannte sie »eine außergewöhnliche Person«, und außergewöhnlich war in Mutters Augen auch ihr Weihnachtswunsch. »Stell dir vor, Alfred«, sagte Mutter, »sie will Geld, so was Prosaisches.«

»Karierte Bettwäsche und diese kessen Barchentnachthemden, wie du sie den Mädchen üblicherweise zu schenken pflegst, sind natürlich viel romantischer«, sagte Vater.

»Ich sehe das ganz anders«, sagte Mutter. »Sie hat sich damit abgefunden, keinen Mann mehr zu kriegen, deshalb legt sie keinen Wert auf eine Aussteuer wie Lore.«

»Was du nicht sagst.«

Ich schlich mich zu Mamsell. »Warum hast du keinen Freund?« fragte ich mit großem Herzenstakt und stippte einen Finger in die Tortenmasse, die Mamsell gerade schaumig rührte.

»Hast du denn einen?« fragte sie zurück.

»Na, Bruno doch«, sagte ich.

»Da hast du was Rechtes«, bemerkte sie, und an der Art, wie sie mich ansah, merkte ich, daß es besser war, sich dünnezumachen.

Der Winter war gekommen, und wie jedes Jahr war Mutter höchst unzufrieden mit den angelieferten Kohlen. Mamsell ebenfalls: »Reiner Dreck.« Ergrimmt stocherte sie im Herd herum, wo Kohlenhändler Erichs Briketts Marke Sonnenblitz beträchtlichen Qualm, aber keine Hitze entwickelten.

»Alfred«, sagte Mutter, »du mußt mit dem Mann reden.«

Das war nun das letzte, wozu Vater Lust verspürte. »Schick doch lieber die Pariserin, die macht so was viel besser.«

Mamsell fuhr also in die Stadt, um sich den »schönen Erich« vorzuknöpfen. Doch ihr Besuch verlief wenig erfolgreich in unserem Sinne: Statt der Briketts brannte Mamsell jetzt lichterloh, so sehr war sie von dem Kohlenhändler angetan.

»Das haben wir nun davon«, sagte Mutter. »Das mußte ja so kommen! Wenn man schon nicht alles selbst macht!«

Der schöne Erich war Witwer, ein paradiesischer Zustand, den aufzugeben er nicht so schnell gewillt war. Sobald seine jeweilige Freundin anfing, ihm zu sehr auf den Pelz zu rücken und nach Heim und Herd zu schielen, verschanzte er sich auf einmal hinter seiner Trauer, von der bis dahin wenig zu spüren gewesen war. Statt im Cafe Smolinsky Wange an Wange mit ihrem Erich im Tangoschritt dahinzugleiten, mußte sie ihn dann häufig zum Grab der »lieben Edith« begleiten, mußte Unkraut zupfen, Wasser schleppen und sich Lobestiraden über die Verstorbene anhören, bis es ihr zum Hals hinaushing und sie freiwillig auf den schönen Erich verzichtete.

Natürlich war sich der Kohlenhändler seiner Wirkung auf Frauen bewußt, trotzdem schmeichelte ihn die Zuneigung der Pariserin. Sie war zwar nicht gerade hübsch und für seinen Geschmack, abgesehen von der Oberweite, reichlich mager, aber das Exotische an ihr machte diese Mängel wett. Zu seinem Erstaunen zeigte sich Mamsell zurückhaltender, als er erwartet hatte. Sie wußte, was sie ihrem Ruf schuldig war. Ein Küßchen hier, ein Küßchen da – mehr vergab sie sich zunächst nicht. Das brachte den schönen Erich mächtig in Fahrt. Die Küche verwandelte sich, wie Vater es ausdrückte, in einen Balzplatz, und Mutter sagte: »Also, lange seh' ich mir das nicht mehr mit an, was sollen denn die Kinder denken!«

An einem Sonntag spätnachmittag waren Mamsell und ich allein zu Haus. Es war ein Sommertag, der Menschen und Tiere in Schwung brachte. Der Duft von blühenden Sträuchern vermischte sich mit dem Geruch von Minze und frisch geschnittenem Gras, ein wolkenloser Himmel spannte sich über Wiesen und Kornfeldern. Auf dem Hof machte ein Erpel unserem Haushuhn Küki Anträge, die es mit empörtem Gackern zurückwies, und Möpschen hatte sich auf sachten Pfoten zu einer fernen Braut gemacht, während ich zärtlich an unserer Angorakatze herumdergelte. Mamsell ließ gerade Himbeeren durch ein Seihtuch tropfen, und ich, an den Tisch gelehnt, die Katze im Arm, gab meine Weisheiten zum besten: Wußte sie überhaupt, daß die Erde sich drehte, daß aus Raupen Schmetterlinge wurden und aus Kaulquappen Frösche?

»Wenn du noch lange hier so herumdröhnst, wird aus dir gleich ganz was anderes«, sagte Mamsell mürrisch, der zum zweitenmal das Seihtuch gerissen war.

Ich hörte auf dem Hof ein Pferd wiehern.

»Bestimmt dein Erich«, sagte ich, und da kam er auch schon sonntäglich herausgeputzt in die Küche stolziert und lud uns zu einer kleinen Spazierfahrt ein.

Mamsell zögerte. »Ich kann das Haus nicht allein lassen.«

»Ich paß schon auf«, sagte ich großmütig.

»Aber höchstens für eine Stunde, Erich!«

»Na klar doch.« Er gab ihr einen Kuß hinters Ohr.

Mamsell zog sich um, dann verließen sie Arm in Arm die Küche. Ich trottete hinter ihnen her und sah ihnen nach, bis der Einspänner mit der kleinen, munteren Stute aus dem Hof gefahren war. Dann ging ich in den Keller, holte mir eine Flasche Waldmeisterbrause und machte es mir mit einem Märchenbuch gemütlich.

Es konnte kaum eine halbe Stunde vergangen sein, da kam Mamsell bereits wieder die Verandatreppe herauf. Etwas in ihrem Gesicht ließ mich ratlos an meinem Zeigefingernagel kauen. Schwerfällig ließ sie sich auf einen Stuhl nieder. Dann schlug sie die Hände vors Gesicht und begann zu weinen.

»Kriegste 'n Zustand?« fragte ich ängstlich. »Soll ich dir 'n Schnaps holen?«

»Er liebt mich nicht, er liebt mich nicht«, stöhnte sie. »Und willst du wissen, warum?« Sie knöpfte ihre fliederfarbene Bluse auf, warf sie achtlos auf die Erde, zog sich das Hemd über den Kopf und – ich schrie vor Verblüffung auf – hielt ihren Busen in der Hand. Verwirrt griff ich danach. Konnten manche Erwachsene ihren Busen abknöpfen wie einen Matrosenkragen? Zaghaft befühlte ich ihn. Er war warm und weich und mit allen nötigen Attributen versehen. Das Material war von echter Haut kaum zu unterscheiden, und das Ganze konnte man mit einer Art Leukoplast am Oberkörper befestigen.

»Der Marquis«, erklärte Mamsell, »er hat ihn extra für mich entworfen.«

Sie begann wieder zu weinen. »Erich wird es überall herumerzählen, und du auch!«

»Bestimmt nicht, Ehrenwort«, beteuerte ich und starrte auf ihren flachen Oberkörper. Aber der Verrat nistete schon in meinem Herzen. Mamsell schien mich nicht zu hören. Ihre rechte Hand hielt Möpschens Ohr umklammert, der inzwischen zurückgekehrt war und hechelnd zu ihren Füßen lag. Ihre Augen starrten auf eine plusterige Amsel. Nach einer Weile stand sie auf und ging in die Küche. Ich hörte sie gewaltig mit Pfannen und Töpfen rumoren.

Ich zog ein Bein unter mich und dachte nach. Schließlich wurde ich schläfrig und nickte ein. Mamsell weckte mich.

»Zieh dich um«, befahl sie. Ich mußte lange geschlafen haben, denn draußen war es bereits dunkel geworden.

»Jetzt noch? Wir haben doch keine Gäste.«

»Tu, was ich sage.« Sie zog mich energisch vom Stuhl hoch.

Mamsell hatte mir im Kinderzimmer das rosa Smokkleid herausgelegt, das mir längst zu klein war und unter den Achseln unangenehm kniff, und die schwarzen Lackschuhe hingestellt. Sie muß übergeschnappt sein, dachte ich. Durch das offene Fenster kamen Nachtfalter und umburrten die Petroleumlampe. Den Zylinder mit der Hand schützend, begab ich mich auf den Weg durch das schweigende Haus. Vor dem Eßzimmer stand Mamsell. Sie schob die Schiebetüren auseinander und machte eine einladende Handbewegung: *»Mademoiselle la Comtesse est servie!«*

Ich starrte mit offenem Munde. Der Tisch war wie für ein Diner gedeckt. Die Kerzen im Kronleuchter brannten und warfen flackernde Schatten über die Ahnenbilder. Vor den handgemalten Tellern aus Berliner Porzellan standen unsere besten Weingläser, die so alt und kostbar waren, daß Mutter jedesmal nervös wurde, wenn ich eines davon in die Hand nahm, um die Wappen darauf zu betrachten. Auf dem Buffet stand ein vollständiges Menü: Suppe, Hauptgang, Käse und Nachtisch. Käsestangen und süße Plätzchen waren in Silberkörbe gefüllt. Wir setzten uns schweigend.

Vaters bester Rheinwein löste Mamsells Zunge.

»Er hat gesagt, ich bin eine Schwindlerin, ich lähmte ihn.«

Sie sprach das Wort ganz breit aus. »Mit mir könnte er es nie.«

»Was?« fragte ich.

»Das«, sagte Mamsell unwillig.

Als ich vor Sattheit nur noch leise rülpste, schickte sie mich ins Bett.

Acht Tage vergingen, der schöne Erich ließ sich nicht

mehr blicken. Mamsell legte sich ins Bett, und Mutter holte unseren Hausarzt, den alten Dr. David.

»Hoffentlich nichts Ernstes?« fragte sie besorgt, als er die Pariserin untersucht hatte.

»Nicht eigentlich«, sagte der Arzt ausweichend, »es sind so Lebenssachen«, und zog mir prüfend das Augenlid herunter.

»O Gott«, rief Mutter.

»Nein, nein«, beruhigte sie der Arzt, »nicht das, was Sie denken, sie ist nicht in anderen Umständen.«

Als Mamsell wieder in der Küche erschien, wirkte sie schmächtig wie ein Kind. Im Dorf gab man der Grippe die Schuld an ihrem veränderten Aussehen. So 'ne Influenza war 'ne schlimme Sache. Was war die Frau vom Brümmerstedt früher für 'ne stattliche Person gewesen, und jetzt? Der reinste Hering!

Mit Mamsells Figur veränderte sich auch der Speiseplan. Bechamelkartoffeln und Königsberger Klops gab es jetzt nur noch hin und wieder. Die Pariserin begann uns nun sehr zu verwöhnen. Sie hatte uns anerkannt.

»Le jour de gloire est arrivé«, sagte Vater, während er genüßlich ein zartes Rebhuhnbein beknabberte, und ganz leise, daß Mutter es überhören konnte, fügte er hinzu: »Nicht immer hält das rote Licht...«

»Alfred«, sagte Mutter, »du siehst dich jetzt endlich nach einer neuen Kohlenhandlung um.«

12
Das ewige Kind

Während Vater mehr ein Auge darauf hatte, daß uns nicht einfiel, die Lilien auf dem Felde zu spielen und müßig im Dorf herumzustreunen, anstatt Nützliches zu tun, wie Kartoffeln zu klauben, Laub zu harken, Reusen zu flicken und endlich einmal wieder unsere Karnickelställe auszumisten – »Die armen Tiere können ja nur noch auf dem Bauch liegen, sonst stoßen sie gegen die Decke!« –, legte Mutter großen Wert darauf, daß wir wußten, »woher wir kamen«.

»Hundertmal habe ich nun schon erklärt, wie ihr mit Onkel Adalbert verwandt seid«, seufzte sie, als wir verständnislos fragten: »Was is'n das schon wieder für 'n Onkel?«

»Könnt ihr euch denn nichts merken?«

Nur unser Freund Bruno war auf Draht. Er wußte sogar Onkels Spitznamen. »Adalbert, der Puffbiber«, warf er stolz dazwischen. Mutter runzelte die Stirn: »Schon gut, Bruno, kann man nicht einmal unter sich sein.« Dann warf sie uns mangelnden Familiensinn vor und prophezeite, daß wir es schon noch bereuen würden. »Freundschaft hält einen Tag, Verwandtschaft aber ewiglich.«

»Leider«, bemerkte Vater.

»Erlaube mal«, sagte Mutter.

»Ich brauch' nur an deine arme Schwester Lilli zu denken«, fuhr Vater fort, »die hätt's auch besser ohne ihre Sippe.«

»Bezeichnest du mich als Sippe?« Mutters Stimme stieg. »Und das, wo ich mir so viel Gedanken um sie mache!«

»Drum«, sagte Vater.

Lilli-Gespräche gehörten zum Alltag. Wenn Mutter

von diesem Thema gar nicht mehr wegzukriegen war, verzog sich Vater ins Arbeitszimmer.

Nach Mutters Schilderungen mußte Lilli in ihrer Kindheit eine interessante Mischung aus Unglücksrabe und verzogenem Fratz gewesen sein.

Als Baby war sie von der Wickelkommode gefallen. Als Fünfjährige erlitt sie einen Anfall von Gelenkrheumatismus, weil sie zu lange in einem Kahn voller Wasser gespielt hatte. Mit acht war sie die Kellertreppe heruntergestürzt und mit gebrochenem Knöchel liegengeblieben. Ein Jahr später jagte man ihr bei einer Treibjagd eine Ladung Schrot ins Bein. Und außerdem war Klein-Lilli hin und wieder Opfer eines »Zustandes«.

Dieses von Mutter so bedeutungsvoll ausgesprochene Wort weckte unsere Phantasie. »War sie dann wie Bruno?« fragten wir. »Kriegte sie Schaum vorm Mund und so?« – »Unsinn«, sagte Mutter. Auf jeden Fall hatten Lillis Zustände die Familie gehörig erschreckt. Sie mußte ins Bett, und niemand durfte zu ihr.

»Trotzdem hätten sie die Eltern nicht so verwöhnen dürfen«, sagte Mutter. »Butter aufs Frühstücksbrötchen und ein eigenes Ziegengespann! Muß man sich mal vorstellen!«

»Ja, ja«, sagte Vater ungeduldig.

Mit sechzehn hatte unsere Tante geheiratet. Mit siebzehn war sie die jüngste Witwe in der Familie und die reichste, denn ihr Mann hatte ihr Kohlengruben, Mietshäuser und ein großes Gut hinterlassen. Als Lilli sich anschickte, von einem flotten jungen Architekten beraten, Türmchen über Türmchen auf ihr Schloß setzen zu lassen, trat der Familienrat zusammen. »Wehret den Anfängen«, hatte Onkel Adalbert nicht umsonst gewarnt, »sonst gute Nacht, Marie.« Jeder wußte, was damit gemeint war.

Tante Lilli konnte, Gott sei's geklagt, nie Kinder bekommen, so daß in ferner Zukunft all das schöne Geld einmal in ihre Familie fließen würde, vorausgesetzt, sie gab es nicht in demselben Tempo aus wie bisher. So holte man sie vorsorglich ins Elternhaus zurück, um das arme Kind vor Hochstaplern und Gutsbesitzern zu schützen, über deren Schlössern bereits der Pleitegeier kreiste.

Ihr zweiter Mann, den man ihr einredete, war denn auch ein redlicher Junker, im ganzen Kreis nur der »trokkene Knochen« genannt. Er verwaltete den ihm anvertrauten Besitz mit Umsicht und Geschick, so daß selbst in der Inflationszeit, als ringsherum ein Gut nach dem anderen unter den Hammer kam, seine Lilli weiterhin von viel Personal umgeben ein sorgloses Leben führen und sich mit Möbel-Umstellen und mit Blumen-Arrangieren beschäftigen konnte.

»Ein Glückspilz, unser ›ewiges Kind‹«, sagte Mutter. »Ein Jammer, daß sie so schwache Nerven hat. Und dann ihre Verschwendungssucht, das grenzt doch schon ans Manische.«

»Was redest du nur immer davon«, sagte Vater verdrossen.

Uns konnte Mutter Tante Lilli nicht vermiesen. Für uns war ein Besuch bei ihr der Eintritt ins Schlaraffenland. Tante Lillis Großzügigkeit kannte keine Grenzen. Wir durften uns so viele Weintrauben und Melonen aus den Treibhäusern holen, wie uns schmeckten. Wir durften mit Flinten in der Gegend herumballern und mit anderen Vettern und Kusinen auf kostbaren Pferden wilde Wettrennen veranstalten, wofür wir zu Haus vier Wochen Stallverbot bekommen hätten. Den ganzen Tag hallte das Schloß wider von unserem Geschrei. Tante Lilli arrangierte Picknicks, Kinderfeste und Maskeraden und war selbst die Eifrigste beim Verkleiden. Sie trieb uns von einem Vergnügen zum anderen, bald hierhin, bald dorthin, wie ein fürsorglicher Schäferhund seine Herde. Nur manchmal schlug ihre Stimmung plötzlich um. Sie machte uns aus heiterem Himmel eine große Szene und schimpfte und schrie, sie habe es satt, für uns den Popanz zu spielen, noch heute würde sie uns zurück zu unseren

Eltern schicken. Erschrocken suchten wir dann bei dem knöchernen Onkel Schutz, der, in seine Lieblingszeitschrift ›Wild und Hund‹ vertieft, nur halb zuhörte und uns abwesend beschwichtigte: »Ja, ja, Kinder, die Welt ist bös.«

Doch Tante Lillis plötzliche Verstimmungen waren nur von kurzer Dauer, und alles ging weiter wie bisher.

Die ersten Tage wieder zu Haus – die Umstellung von Hafer auf Heu, wie Vater es nannte – fielen uns schwer. Wir maulten, weil wir nicht mit dem Wagen abgeholt wurden, sondern nur unsere Fahrräder auf der Kleinbahnstation vorfanden, und stocherten lustlos in unserem Nationalgericht, Kartoffeln mit Stippe, herum. Vater ärgerte sich darüber und schnauzte: »Die schönen Tage von Aranjuez sind jetzt vorüber, Schluß mit dem Tamtam, was auf den Tisch kommt, wird gegessen.«

Und Mutter nickte mit dem Kopf und stimmte ihm zu: »Ganz recht, Alfred. Aber die gute Lilli hat sie auch wirklich zu sehr verwöhnt. Jedem zum Abschied noch eine Armbanduhr zu schenken! Als wäre das nichts.«

Bei uns war unsere Lieblingstante nur selten zu Besuch.

So war die Überraschung groß, als sie sich unerwartet ansagte. Noch dazu in einer Jahreszeit, in der wir sonst unser »reizendes Fleckchen Erde« ganz für uns hatten. Wenn der Nordost schneidend durch Haus und Gebein fuhr und selbst dicke rote Wollvorhänge vor den Fenstern uns nicht vor ihm schützten, wenn sogar die Pumpe in der Küche mit Stroh umwickelt werden mußte, damit sie nicht einfror, oder Dauerregen Hof und Straßen in glitschigen Morast verwandelte, waren wir bei der Verwandtschaft nicht sehr gefragt.

»Das rechne ich Lilli hoch an«, sagte Mutter denn auch und quartierte mich ohne viel Federlesen aus. Das Gastzimmer lag im Parterre, und Lilli graulte sich, zu ebener Erde zu schlafen. Seiner zarten Schwägerin zuliebe erklärte sich Vater sogar bereit, den kaum benutzten »Affenkasten«, das geschlossene Coupé, aus der Remise holen zu lassen. Nachdem wir es von Spinnweben und Hühnerdreck gereinigt und eine Mäusefamilie heimatlos gemacht hatten, zuckelten Billi und ich damit zur Bahn, um Tante Lilli abzuholen. Sie kam mit viel Gepäck, aber die Aussicht auf die herrlichen Dinge, die darin für uns verborgen waren, stärkte unsere Muskeln.

Wir hatten uns nicht geirrt. Tante Lillis Geschenke waren wie immer überwältigend. Mutter zog die Augenbrauen hoch und sagte: »Liebe Lilli, so kurz vor Weihnachten!« Vater ließ ihr jedoch keine Zeit, sich an diesem Thema festzubeißen. »Laß dich anschauen, Lillikind«, sagte er mit Samtstimme. »Du siehst fabelhaft aus.«

Mein Zimmer war nicht mehr wiederzuerkennen, nachdem Tante Lilli dort Einzug gehalten hatte. Zwischen Puppen und Teddys lagen kostbare Ringe, Armbänder und Ketten, und es roch wie in Brettschneiders Treibhaus. Jeden Abend schleppte Lore einen Zuber heißes Wasser nach dem anderen die Treppe hinauf, damit Tante Lilli ihr gewohntes Bad nehmen konnte, denn eine Badestube besaßen wir nicht, und sogar der Ofen im Eßzimmer wurde geheizt, was gegen jede Regel verstieß.

Zu unserer Enttäuschung kümmerte sich Tante Lilli wenig um uns, sie wurde von Mutter völlig mit Beschlag belegt. Sie hatten sich auf den Weg zurück in ihre Kindheit gemacht, und da störten wir nur. Sie kramten in alten Fotos, hechelten die Familie durch und lachten über Dinge, an denen wir nichts Komisches finden konnten. Sogar Vater beteiligte sich. Er gab wieder einmal seine Lieblingsgeschichte vom »Grünen Baum« zum besten, einem Gasthaus, das er im Kartenspiel als junger Leutnant gewonnen hatte. »Na, so was«, sagte Mutter, die die Geschichte schon rückwärts aufsagen konnte, »das wollen wir jetzt hören.« Und Tante Lilli fragte: »Ein Gasthaus? Wie aufregend.«

»Natürlich habe ich dem Mann die Spielschuld erlassen«, hörten wir Vater noch sagen, dann standen wir bereits im Flur und waren uns einig darüber, daß unsere Eltern manchmal recht zum Schämen waren.

So verliefen die Tage voller Harmonie. Nur einmal gab es zwischen den Schwestern Krach, weil Tante Lilli ohne jeden ersichtlichen Anlaß plötzlich jedem von uns zehn Mark in die Hand drückte, nicht etwa fürs Sparschwein, sondern um sie »auf den Kopf zu hauen«, wie sie sagte.

Mutter war sehr ärgerlich. »So viel Geld, bist du verrückt geworden? Die Kinder verlieren ja jedes Maß! In manchen Dingen bist du wirklich wie ein Kind.«

Tante Lilli verließ Türen schlagend das Zimmer, und wir zitterten einen Tag, Mutter würde uns das Geld abnehmen und für uns auf »die hohe Kante« legen.

Und dann schlug das Wetter um. Die Temperaturen sanken. Wie jedes Jahr geriet Mutter in Aufregung.

»Die Kinder kommen mir nicht aufs Eis, bis es mindestens zehn Zentimeter dick ist, hörst du, Alfred?«

»Keine Panik«, sagte Vater.

Vater wagte sich als erster drauf. Drei Schläge mit der Axt mußte das Eis aushalten, dann war die Bahn auch für uns frei. Wir durchstöberten den Boden nach unseren Schlittschuhen.

Viel Staat war damit nicht zu machen. Billis waren so verrostet, daß kein Petroleum mehr half. Bei Vera hatte sich die Schraube ausgeleiert, und meine waren mir zu klein geworden.

»Da hilft nun alles nichts«, sagte Mutter spürbar erleichtert, »da müßt ihr euch mit dem Peekschlitten begnügen.« Sie hoffte, daß wir wenig Lust dazu haben würden, den Schlitten mit zwei Stöcken, an deren Ende ein Nagel eingetrieben war, übers Eis zu peeken. Doch sie irrte sich. Aus purem Trotz zogen wir an einem Spätnachmittag mit ihm los. Das Eis war klar und sah nicht wie sonst nach durchwachsenem Speck aus. Man konnte darunter deutlich die Fische erkennen. Im Schilf sahen wir eine Gestalt, von der untergehenden Sonne in rötliches Licht getaucht, umherhuschen.

»Tante Lilli, was machst du denn hier?« rief Vera. Wir schlidderten zu ihr hinüber.

»Morgen ist doch Nikolaustag«, erklärte sie, »ich habe für jeden etwas versteckt.« Sie hatte es uns nicht leicht gemacht; wir suchten und suchten, bis jeder von uns sein Päckchen in der Hand hielt. Meins steckte in einem Karnickelbau nicht weit vom Ufer, Billis in einer verrotteten Reuse im Schilf, und Veras lag in der Astgabel einer Weide. Für eine Nikolausgabe waren die Päckchen recht umfangreich. Wir rissen ungeduldig an dem Packpapier. Ein Paar Schlittschuhe für jeden kamen zum Vorschein. Noch dazu Holländer mit gebogenen Kufen, die sehr viel teurer als die gewöhnlichen waren. Auch Bruno hatte sie nicht vergessen. Es waren die ersten Schlittschuhe seines Lebens, und er geriet so in Aufregung darüber, daß wir Angst hatten, er würde einen Anfall bekommen. »Wehe dir, Mensch«, zischte ihn mein Bruder an. Bruno spuckte beleidigt nach ihm. Für was hielten wir ihn eigentlich, er werde doch diese wundervolle Dame nicht erschrecken.

Wir schraubten unsere neuen Schlittschuhe an die Schmierstiefel und jagten davon. Tante Lilli hatte sich auf den Peekschlitten gesetzt und sah zu, wie wir unsere Kreise drehten. Plötzlich stand Mutter zwischen uns. Wie wütend sie war, merkten wir sofort an der Art, wie sie einen der Peeker aufhob und über das Eis schleuderte.

»Lilli«, rief sie, »das ist doch wohl die Höhe! Kurz vor Weihnachten solche üppigen Geschenke, wie sollen wir dann den Kindern noch eine Freude machen.«

»Du verstehst nichts.« Tante Lilli fing an zu weinen. »Ich hab's getan, weil ich so unglücklich bin, ich habe die letzten Tage immer daran denken müssen.«

»An was hast du denken müssen?«

»Wir sind alt, alt, alt«, schrie Tante Lilli, »und was haben wir von unserem Leben gehabt! Ich meinen Knochen und du hier diese Kuhpleeke, dieses Kaff!«

Wir standen und gafften.

»Hör auf, hör auf, sag' ich dir.« Mutter war ganz hysterisch. »Ich will davon nichts hören.« Sie packte ihre Schwester an den Schultern und schob sie samt dem Schlitten weg von uns über das Eis. Weinend und klagend verklangen ihre Stimmen in der Dunkelheit.

So hatten wir unsere Mutter noch nie erlebt. »Jetzt hat sie Mutter angesteckt«, sagte Vera verängstigt. »Und der Rhin ist noch offen«, unkte Billi. »Wenn das man gutgeht.«

Wir rannten nach Haus. Dort war alles still und friedlich, Mamsell sang in der Küche, Möpschen nagte auf der Veranda an einem Knochen, und Vater war in seinem Arbeitszimmer. Er saß am Schreibtisch, legte eine Patience und summte: »– und trink ich Wein und trink ich Bier, die Hälfte trinkt das Bandeltier.«

»Jemand eingebrochen?« fragte er erschrocken, als wir ins Zimmer gestürzt kamen. Wir erzählten ihm alles.

Er sah betrübt auf seine Karten: »Muß ich hin, was meint ihr?«

Wir nickten ernst. Wir begleiteten ihn. Tante Lilli saß noch immer auf dem Schlitten und war unfähig, auch nur einen Schritt zu tun, soviel Mutter auch auf sie einredete. Es lag zuwenig Schnee, um den Schlitten über die Wiese zu ziehen. So holten wir den Handwagen und karrten sie damit zurück. Zu Haus wurde sie gleich ins Bett gebracht. Wir wurden ermahnt, recht leise zu sein.

»Da hast du die Bescherung«, sagte Vater. »Warum läßt du sie die Kinder nicht beschenken, soviel sie will, wenn es ihr Freude macht.«

Mutter weinte: »Ich hab's geahnt, ich hab's geahnt. Sie war die ganzen letzten Tage schon so komisch. Sollen wir nicht lieber einen Arzt holen?« Das wollte Vater auf keinen Fall. Die Pferde bei dem Glatteis einspannen? Das hieße ja dem Unglück mit der Trauerkutsche entgegenfahren.

An einem besonders kalten Sonntagmorgen mit glitzernden Eisblumen am Fenster und einer dünnen Eisschicht auf den Waschschüsseln kamen wir, unsere Hände warm pustend, aus unseren Zimmern zum Frühstück herunter. Zu unserer Überraschung war das Eßzimmer geheizt, und Mamsell hatte Hörnchen gebacken. Kaffeeduft mit Parfüm vermischt zog durchs Haus. Wir hatten unsere Plätze eingenommen, und Vater hatte gefragt: »Auch ordentlich gewaschen?« Da öffnete sich die Tür, und Tante Lilli erschien in einem langen Morgenrock, gut gelaunt und ausgeruht.

»Frisch wie der junge Morgen.« Vater küßte ihr die Hand. »Drei Tage war der Frosch recht krank...«

»Alfred«, sagte Mutter.

»Was haltet ihr davon, Kinder, wenn ich mit euch Schlittschuh laufe«, schlug Tante Lilli uns vor.

»Guter Gedanke.« Mutter warf ihr einen prüfenden Blick zu.

»Muß meine Kaninchen ausmisten«, sagte Billi.

»Hab' schon alle meine Puppensachen zum Waschen eingeweicht«, sagte Vera.

»Ich soll Elli beim Wäschelegen und beim Mangeln helfen«, sagte ich.

»Ist es die Möglichkeit«, sagte Vater, »dein guter Einfluß, Schwägerin!«

Tante Lilli lachte. »Dann laß uns in die Stadt fahren, Alfred, ich würde gern ein paar Kleinigkeiten besorgen.«

»Nichts, was ich lieber täte.« Vater köpfte sein Ei.

Ein paar Tage darauf verließ uns unsere Lieblingstante.

Im Holzschuppen entdeckten wir drei funkelnagelneue Fahrräder mit Gangschaltung und Ziehklingel.

Bruno betrachtete sie neidisch. »Ihr Grafenpack habt immer Glück. Wenn meine Olle Zustände bekommt, haut sie mir die Hucke voll.«

»Hab dich bloß nicht niedlich.« Billi stieß achtlos mit der Schuhspitze gegen die Speichen. Er drehte sich um und ging in den Hof. Vera und ich sahen stumm auf die funkelnde Pracht, dann folgten wir ihm.

13
Der Christenmensch

Es fiel uns auf, daß Mutter in der Vorweihnachtszeit häufiger als sonst die »Große Harfe« legte. Wir waren sicher, sie benutze sie als Orakel in der heimlichen Hoffnung, Onkel Heinrich werde dieses Jahr das Weihnachtsfest woanders verleben. Natürlich gab sie das nicht zu. »Wie kommt ihr denn auf so was?« Aber ob die Patience nun aufging oder nicht, der Onkel meldete sich, und Vater sagte: »Tatsächlich, er macht uns die große Freude.«

»Da müssen wir halt in den sauren Apfel beißen«, seufzte Mutter. Schwenkte jedoch, als sie unsere Gesichter sah, sogleich um und fuhr auf uns los: »Nun gebt euch mal einen Ruck. Irgendwo muß der arme Mensch schließlich hin. Man kann nicht immer nur an sich denken.«

»Woran sonst?« sagte Vater. »Auf Anstand nehme ich ihn jedenfalls nicht mehr mit, und wenn du dir den Mund fusselig redest. Das letzte Mal hat er wie verrückt losgeballert, als die Enten schon viel zu tief flogen.« Damals hatte der Onkel der Jungfer Zech, die am anderen Rhinufer Schilf schnitt, fast eine Schrotladung in die Röcke gejagt. Im Schilf hatte es ordentlich geprasselt.

»Du hast nur keine Lust, mit ihm zu reden, das ist es«, wies ihn Mutter zurecht. »Dabei möchte er sich gerade mit dir unterhalten und nicht mit mir. Und ihr«, wandte sie sich uns zu, »braucht euch auch nicht so zu haben, wo er euch so fabelhafte Geschenke macht. Geradezu rührend!«

Das stimmte. Onkel Heinrich hatte bei uns die Spendierhosen an. Nur wurden wir Weihnachten auch von unseren Paten großzügig bedacht, und bei der Aufregung über jedes neu ausgepackte Geschenk geriet der Onkel ins Hintertreffen. Vater hielt die ganze Schenkerei für höchst überflüssig. Mutter mußte ihm jede Mark für unsere Geschenke abringen. Dabei stammte das Geld, was sie besonders ärgerte, aus ihrem eigenen Vermögen. »Eine Trainingshose für deine Tochter als Luxus zu bezeichnen!« Mutter geriet ganz außer sich.

»Kein Grund, sich aufzuregen, nur weil ich dein Geld zusammenhalte«, sagte Vater.

Für sich selbst machte er gern eine Ausnahme. Ja, er gierte geradezu nach Geschenken. Wenn wir ihm mit unseren Kartons voll Selbstgebasteltem in die Arme liefen, schnappte er sich einen, schüttelte ihn und fragte erwartungsvoll: »Auch was Ordentliches für mich drin?«

Bruder Billis Geschenken sah allerdings auch er mit etwas gemischten Gefühlen entgegen. Wir fanden, Billis Einfälle waren einfach phänomenal. So bekam Mutter letztes Weihnachten von ihm eine Peking-Ente, die er gegen fünf Fächertauben eingetauscht hatte. Er placierte den kleinen Lattenverschlag mit der ängstlich quakenden Ente in der Nähe einer teuren Seidenbluse auf Mutters Gabentisch. Die Bluse war sofort mit einer grünen Soße bedeckt, denn die Aufregung hatte den Darm der Ente mächtig angeregt. Mutter, die sich aus Enten ebensoviel machte wie ich aus Brotsuppe, rettete hastig die Bluse. »Was für eine hübsche Idee, mein Junge.« Vater bedachte er mit einer Flasche Rotwein, dessen Essiggeschmack fast schon beim Betrachten zu schmecken war. Vater sah auf das Etikett, schüttelte sich und sagte: »Die heb' ich mir noch etwas auf.«

Wie jedes Jahr begann das Weihnachtsritual recht früh. Wir produzierten fleißig Tintenwischer, Bleistifthalter, Häkeldeckchen, Untersetzer und verfaßten unter Mutters Anleitung Weihnachtsbriefe: »Nur eine Seite beschreiben und den Handkuß nicht vergessen!« Wir halfen beim Pfefferkuchenbacken, und Mamsell und Mutter stritten sich über die besten Rezepte. Möpschen schnüffelte erregt umher und lag zum Schluß wimmernd auf seinem Hundeplatz, weil er zuviel Teig gefressen hatte.

Haus und Keller wurden aufgeräumt, was Mutter ganz kopflos machte, weil sie nichts mehr wiederfand. Der Verkauf der Weihnachtsbäume war in vollem Gang. Manche Kunden suchten und suchten, bis es dunkel wurde und sie reif für Billis Verkaufskünste waren, der ihnen dann halbkahle Besen als herrlichen »Eckboom« andrehte. Das Wetter war wie immer frühlingshaft mild, und Vater versicherte wie jedes Jahr: »Abwarten, ich spür' den Schnee bereits in allen Knochen.« Zum Schluß fehlten nur noch unser eigener Baum und der Onkel.

Da Vater große Angst hatte, sich die Finger zu klemmen, stellte Mutter im Gastzimmer die Mäusefallen auf. Vater leistete ihr dabei Gesellschaft. Sie unterhielten sich über Onkel Heinrich.

»Ausgerechnet Weihnachten kann man ihm doch nicht absagen.« Mutter schob die gespannte Falle vorsichtig unters Bett.

»Ja, ja, das Fest der Liebe«, sagte Vater.

»Wen stört er schon groß, wo er so bescheiden ist.«

»Das ist er, weiß Gott«, bestätigte Vater.

»Für mich bitte keine Umstände, dieser herrliche Wein ist doch viel zu schade für mich, aber schmeckt er nicht ein klein bißchen nach Kork?« ahmte ich die etwas quiekige Stimme des Onkels nach. Ich bekam keinen Beifall.

»Was stehst du hier herum? Hast du nichts Besseres zu tun?«

»Das Kind ist wirklich überall, nur nicht da, wo es hingehört«, bemerkte Vater.

Onkel Heinrich war eigentlich gar nicht mit uns verwandt. Er war ein entfernter Vetter von Onkel Karl, der aber von ihm nur als dem »Schlappier« sprach und verächtlich betonte: »Nicht mal im Krieg gewesen, dieser Mensch.« Vor drei Jahren hatte er sich das erste Mal bei uns eingefunden, und seitdem war so etwas wie ein Gewohnheitsrecht daraus geworden.

Onkel Heinrich war Junggeselle. Sein Gehalt als

»Frühstücksdirektor« einer Sektfirma wurde zusätzlich durch eine kleine Erbschaft aufgebessert, die allerdings infolge der Inflation sehr zusammengeschrumpft war. Er lebte in seiner Berliner Wohnung mit zwei Schildkröten zusammen, von der die jüngere vor einigen Wochen tödlich verunglückt war. Wie er Mutter in einem ausführlichen Brief schilderte, war ihr die Angewohnheit, unter dem Teppich entlangzukriechen, zum Verhängnis geworden. Noch heute verfolge ihn das Geräusch, schrieb der Onkel, mit dem ihr Panzer zersprang, als er versehentlich auf sie trat. Onkel Heinrich stand ganz unter der Fuchtel einer Aufwartefrau mit Namen Kuschinski, die in seinen Gesprächen eine große Rolle spielte. Wieso er sich gerade uns als Weihnachtsquartier ausgesucht hatte, blieb ein Rätsel. Er war ein Ästhet und ekelte sich leicht. Er haßte Katzen, und wenn unsere Angoramieze ihm schnurrend um die Beine strich, betrachtete er sie voller Widerwillen.

»Sie ist ja recht hübsch, aber Katzen haben so was Animalisches.«

Auch war er ein etwas unbequemer Gast, denn er hatte die Angewohnheit, sehr früh aufzustehen, womit er Lore störte, die um diese Tageszeit gern, die Füße hoch, Mutters Briefe im Wohnzimmer las. Abends fand er nicht ins Bett, und nach dem Mittagessen schlich er unruhig durchs Haus und wartete sehnsüchtig, daß Mutter wieder auftauchte und ihm zuhörte. Er aß so langsam, daß Vater ganz nervös wurde und ihn, ungeduldig mit den Fingern auf dem Tisch trommelnd, ermahnte: »Iß, Heinrich, iß, die Mädchen wollen mit der Küche fertig werden.«

Onkel Heinrich brachte diesmal seine Schildkröte Molly mit, weil er sie nicht allein in der Wohnung zurücklassen wollte. Wie immer tadellos gekleidet und nach teurem Rasierwasser duftend, wanderte er frierend durchs Haus: »Kalt bei euch, liebe Kusine!«

Dann wurden wir der Reihe nach krank. Auch Mamsell und Lore bekamen die Grippe. Das Wetter war umgeschlagen, es begann Stein und Bein zu frieren.

»Und in drei Tagen ist Weihnachten«, lamentierte Mutter und machte uns Wadenwickel, obwohl sie sich selbst kaum auf den Beinen halten konnte.

»Das kriegen wir schon hin«, versicherte Vater, der eben noch herumgetönt hatte, wir sollten uns wegen so einem bißchen Erkältung nicht anstellen, Schnupfen sei sehr gesund, der reinige den Körper. Zufrieden mit seinen 38 Grad Fieber, kroch er ins Bett, froh, jeder Verantwortung für das Fest enthoben zu sein. Die Jungfer Zech mußte einspringen, um uns zu versorgen. Sie brachte ihren Bruno zur Unterstützung mit. Er machte sich nützlich, fegte alles, was so an kalten Wickeln und Handtüchern herumlag, unters Bett, leerte mit zugehaltener Nase unsere Nachttöpfe und kippte das Waschwasser ohne viel Umstände aus dem Fenster, wo es, vom Ostwind getrieben, an Vaters Schlafzimmerfenster klatschte und dort zu einer grauweißen Eisblume erblühte. Am liebsten aber hielt sich mein Freund bei Vater auf, träufelte sich ungeniert dessen Birkenwasser aufs Haar und starrte Vater im Bett fasziniert an, der ihn finster fixierte.

»Der olle Graf im Bett«, sagte Bruno ganz überwältigt in einem fort vor sich hin.

War am ersten Tag der Onkel noch recht verdrießlich an Mutters Bett erschienen und hatte herumgenölt: »Wann bekomme ich endlich Frühstück?«, so entwikkelte er sich nun plötzlich zum Mann der Stunde. Er schleppte uns die Tabletts ans Bett, machte Hals- und Wadenwickel, zählte Tropfen, maß Fieber und kommandierte uns besorgt herum: »Werdet ihr wohl liegen bleiben! Nimm gefälligst deine Medizin! Iß jetzt!« Sogar die Öfen heizte er, wobei er allerdings fast den gesamten Vorrat an Kienspänen aufbrauchte, so daß Bruno erst wieder neue hacken mußte. Mutter sagte dankbar: »Heinrich, wir sind tief in deiner Schuld«, und Vater krächzte: »Gut, gut der Mann, wie heißt der Mann?« – sein höchstes Lob. Onkel Heinrich war sichtlich geschmeichelt. »Wo habt ihr eigentlich euern Baum?« fragte er forsch. »Ich werde ihn schmücken.«

»Das ist es ja«, stöhnte Vater, »wir haben noch keinen. Das wird bei den Kindern ein Theater geben. Aber ich kann niemand schicken. Der halbe Hof ist krank und das Dorf dazu.«

»Wenn's weiter nichts ist«, rief der Onkel, »dann hole ich eben einen.«

»Bei dem Wetter?« Vater sah ihn zweifelnd an. »Sieh nur mal aus dem Fenster, der reinste Schneesturm. Außerdem kennst du dich im Wald nicht aus, du könntest dich verlaufen.«

Aber der Onkel war nicht zu bremsen. Mit Säge und Axt bewaffnet, zog er los. Vater stand schlotternd am Fenster und sah ihm nach, wie er, vom Sturm getrieben, über den Hof wehte, umflattert von Vaters alter Militärpelerine.

Zwei Stunden später hörten wir im Hausflur Getöse und lautes »Hau-ruck«. Vater tappte barfuß durch die offenen Verbindungstüren zwischen unseren Zimmern. »Alfred«, mahnte Mutter, »du wirst dir noch den Tod holen.«

»Das ist ja nun auch schon egal«, brummte Vater. »Dieser Wahnsinnige muß den schweren Baum ganz allein hierher geschleift haben!«

»Wahrscheinlich nur ein winziges Bäumchen«, vermutete Billi, »und ein ›Eckboom‹ dazu.«

»Wie undankbar ihr seid«, rief Mutter durch die offene Tür.

»Wir werden ihn einmalig finden, und wenn er ihn aus der Aschenkuhle gezogen haben sollte«, versprach Vater.

Der Onkel erschien mit zerkratzten Händen, aber höchst vergnügt. »Jetzt werde ich ihn schmücken.« Unter den Klängen von ›Preußens Gloria‹ und ›O du fröhliche‹ – zwei Platten, die noch nicht allzusehr verkratzt waren – hörten wir ihn unter uns rumoren.

Am Weihnachtstag mußten wir lange auf das Frühstück

warten. Onkel Heinrich hatte, erschöpft von schwerer Arbeit, verschlafen. Die Eltern beschlossen aufzustehen und ihm beim Aufstellen der Gabentische und Verteilen der Geschenke zu helfen. Aber unser Heinzelmännchen lehnte strikt ab: »Kommt nicht in Frage, ihr seid zu krank!«

Erst als die Dämmerung hereinbrach, erlaubte er uns herunterzukommen. Mamsells bellender Husten rasselte durchs Haus, als wir uns alle im Eßzimmer versammelten, wo die Jungfer Zech ein kaltes Abendbrot gerichtet hatte. Nachdem wir gegessen hatten, öffnete Onkel Heinrich einladend die Tür zum Weihnachtszimmer.

»Gott steh mir bei!« Vater ließ sich auf den erstbesten Stuhl fallen. Vor uns stand Vaters schönste Blautanne, die er jahrelang gehegt und gepflegt hatte. Untadelig gewachsen von der Wurzel bis zur Krone. Der Onkel hatte sie mit großer Sorgfalt geschmückt, Kerze um Kerze, Kugel um Kugel, gleichmäßig ausgewogen Silberfaden um Silberfaden, ganz im Gegensatz zu Vater, der das Lametta gern mit großem Schwung bündelweise einfach in den Baum warf.

»Da staunt ihr«, rief der Onkel, »das habt ihr nicht erwartet.«

»Mir ist schlecht.« Vater wankte hinaus, Mutter eilte hinterher.

»Er hätte noch nicht aufstehen dürfen«, meinte Onkel Heinrich arglos.

Es dauerte recht lange, bis Vater, stark nach Kognak riechend, wieder zu uns zurückkehrte. Wortlos überreichte er dem Onkel eine wertvolle Pfeife als Weihnachtsgeschenk.

»Das war doch nun wirklich nicht nötig«, meinte der Onkel beglückt, »die ist ja viel zu schade für mich, so ein schönes Stück, obwohl die englischen noch besser sein sollen.« Niemand von uns grinste.

Vater wuchs über sich selbst hinaus. Er machte sogar mit uns die üblichen Scherze und drohte: »Ihr habt mal wieder viel zuviel bekommen. Die Hälfte schließen wir am besten gleich weg und heben sie fürs nächste Jahr auf.« Trotzdem blieb die Stimmung gedämpft. Die erhabene Schönheit des Baums, der prächtig vor sich hinfunkelte, verbreitete eine so feierliche Atmosphäre, daß wir uns mehr wie in einem Dom als in einem gewöhnlichen Weihnachtszimmer fühlten. Nur Molly genoß sichtlich das viele Grün und hatte es sich zwischen den Heiligen Drei Königen unter dem Baum bequem gemacht.

Als wir schließlich ins Bett gingen, blieb Vater allein zurück. Während der Sturm ums Haus tobte und das Eis auf dem See wie Böllerschüsse krachte, saß er, in melancholische Betrachtung versunken, vor seinem gemordeten Baum. Endlich kam er die Treppe herauf und ging in Mutters Zimmer. »Bin ich nicht ein wahrer Christenmensch?« hörten wir ihn trübe fragen.

Mutter nieste. »Ja, das bist du, aber nun hör auf, dich zu bedauern, und geh endlich ins Bett.«

»In diesem Hause versteht mich niemand«, sagte Vater.

14
Ein Sohn aus gutem Hause

Von all unseren vielen Hausgästen war Bonifacio Alvarez der exotischste, den wir je in unserem abgelegenen Forsthaus beherbergten. Meist war es Verwandtschaft, für die Silber und Messingklinken geputzt und der Ofen im Eßzimmer geheizt wurden, Vettern und Kusinen oder Tanten und Onkel in vorgerücktem Alter.

Schon seine Ankunft war wie ein Theaterauftritt. Zunächst kam mein Bruder zu unserem Erstaunen mit leerem Wagen von der Kleinbahnstation zurück. »Ob ihr's nun glaubt oder nicht, die Bahn ist glatt durchgefahren«, erklärte er.

»Und was machen wir jetzt?« fragte Mutter ratlos.

»Weiß ich's«, sagte mein Bruder und ging in aller Seelenruhe zum Angeln.

»Man kennt sein eigenes Kind nicht«, erregte sich Mutter. »Lädt sich einen Freund ein und kümmert sich um nichts. Kommt nicht mal auf die Idee, drei Kilometer weiter zur nächsten Station zu fahren.«

Stunden später traf Bonifacio ein. Der lange, unbequeme Fußmarsch hatte anscheinend seiner guten Laune nichts anhaben können. Vergnügt berichtete er von seinem Mißgeschick. Es war, als hätte seine Anwesenheit in der Bahn die absonderlichsten Dinge bewirkt. Zuerst hatten zwei Jungen heimlich den Milchwagen abgehängt. Der Zug mußte umkehren, samt einem Sarg, was die Beerdigung sehr verzögerte. Dann hatte eine wütende Kuh die Lokomotive attackiert und sie fast aus dem Gleis geworfen, und schließlich war Annelise Reimers, unsere frühreife Dorfschönheit, vom Schaffner erwischt worden, wie sie es sich bramsig neben Bonifacio in der Polsterklasse bequem machte, obwohl sie nur ein Billett Dritter besaß. Sie war dem Schaffner so pampig gekommen, daß er aus Ärger darüber vergaß, dem Lokführer rechtzeitig das Signal zum Halten zu geben. Zunächst hatte unser Gast eine Station weiter auf unseren Wagen gewartet und war dann von einer Mistfuhre ein Stück mitgenommen worden. Für die letzte Wegstrecke hatte man ihm eine Abkürzung gezeigt, quer durch das Luch und den Wald. Und danach sah er auch aus. Sein ebenmäßiges, zart gebräuntes Gesicht hatte auf der Stirn eine Schramme, die leicht gelockten, dunklen Haare waren voller Kiefernnadeln und die eleganten, maßgearbeiteten Stiefel voller Modder.

Und trotzdem: Als er da so vor uns im Hausflur stand, waren wir ganz von den Socken. Mit knapp achtzehn, in Aussehen und Gehaben ein fertiger Mann, war er der schönste Mensch, den wir je gesehen hatten. Sogar der Bernhardiner zog seine hechelnde Zunge ein und glotzte.

Wie die Freundschaft zwischen ihm und meinem Bruder Billi zustande kommen konnte, blieb unklar. Der kam gerade in seinen Schmierstiefeln, eine tote Wollhandkrabbe am Bindfaden schwenkend, auf uns zugelatscht und begrüßte Bonifacio ohne sonderliche Wärme. Dann wandte er sich zu uns: »Seht mal, was ich gefangen habe!«

Mutter trat einen Schritt zurück. »Bleib mir damit vom Leibe, ist ja eklig, kümmre dich lieber um deinen Gast.«

»Die Mädchen sind ja auch noch da«, sagte Billi und ging pfeifend davon. Daß von seiner früheren Sympathie nur noch wenig zu spüren war, mußte auch der Begriffsstutzigste merken. Aber was mochte der Grund dafür sein? Wie hatte er ein paar Wochen zuvor Mutter gequält, Bonifacio für die Sommerferien einzuladen. Seine Lobeshymnen klangen uns noch jetzt in den Ohren. Mit einem in seinen Augen unbedeutenden Schönheitsfehler war er erst herausgerückt, als Mutter die Einladung bereits abgeschickt hatte.

»Er ist überhaupt nicht mehr auf deiner Schule?« Mutter war wenig erbaut gewesen. »Er ist gefeuert worden?«

»Wer hält es schon unter der Fuchtel dieses vertrockneten Eunuchen aus«, hatte mein Bruder, den Direktor der Schule unserer Meinung nach trefflich charakterisierend, gesagt.

»Du zum Beispiel. Außerdem hat er als Pädagoge einen glänzenden Ruf. Tante Ediths ihre haben direkt von ihm geschwärmt.«

Wir Geschwister tauschten vielsagende Blicke. »Tante Ediths ihre«, unsere Vettern, waren rechte Nulpen.

Die erste Ferienwoche hatte Billi mit Bonifacio bei einem gemeinsamen Freund verbracht. Seitdem hatte seine Begeisterung anscheinend einen erheblichen Dämpfer bekommen. Jedenfalls erwähnte er ihn kaum noch und tat recht erstaunt, als das Gastzimmer hergerichtet wurde.
»Dein Freund kommt doch morgen«, erinnerte ich ihn.
»Verdammt«, sagte er.

»Wie ist er denn nun?« fragte ich neugierig. »Wird er mit uns Völkerball spielen?«

»Ach, halt die Klappe«, sagte er.

»Na, allzu große Lust scheinst du nicht mehr auf deinen Freund zu haben«, bemerkte Mutter. »Vielleicht beschreibst du ihn uns mal ein bißchen ausführlicher.«

Aber aus Billi war nicht viel herauszuholen. Soviel er wußte, war Bonifacios Mutter Engländerin. Nein, er hatte keine Geschwister. Nein, seine Eltern lebten nicht in Deutschland. Sie hatten irgendwo eine Hacienda – war es Brasilien oder Argentinien? Im Augenblick wohne er jedenfalls bei einer entfernten Tante in Berlin.

Auch Bonni, wie wir ihn nannten, war merkwürdig maulfaul, wenn es um seine Person ging. Um so mehr Worte fand er dafür, unsere Gastfreundschaft zu preisen und uns Artigkeiten zu sagen. Mutter nannte er nur »die Herrin des Hauses«, so daß sie anfing, sich zu benehmen, als wohnten wir in Sanssouci und nicht in einem baufälligen Forsthaus. Sie seufzte über die Arbeit, die dieses »Landhaus« mache, und gewöhnte sich an, bei Tisch mit einem Porzellanglöckchen nach Lore zu klingeln, anstatt einen von uns durch den Aufzug brüllen zu lassen: »Rauf mit dem Kompott!«

»Man merkt doch gleich, er kommt aus einem guten Stall«, meinte Mutter.

»Was du nicht sagst.« Vater grinste.

»Dafür gibt es schließlich untrügliche Zeichen«, fuhr Mutter unbeirrt fort. »So benutzt er keine Zuckerzange und die Gabel nicht als Schaufel. Er nennt ein Klo nicht Toilette und trägt den Siegelring auf dem richtigen Finger.«

»Ach, Trudelchen«, sagte Vater.

Ja, Bonni verstand es, uns für sich einzunehmen. Bei traulichem Kaminfeuer erzählte Mutter ihm ihre Jugendgeschichten, die wir fast so gut kannten wie unsere Märchenbücher. Und nicht nur Mutter erlag seinem Charme. Seitdem er bei uns war, besprühte sich unsere Hauslehrerin reichlicher als sonst mit Maiglöckchenparfüm, was Mutter zu mißbilligenden Blicken Anlaß gab, weil Bonni jedesmal, wenn er in Fräulein Webers Nähe kam, »Ah, wie köstlich!« sagte. Und Mamsell bedachte uns öfter als sonst mit selbstgebackenen Brötchen, seitdem er diese als *superbe* bezeichnet hatte.

Von dem Augenblick an, da Bonni auf seinen schmiegsamen Wildlederstiefelchen durchs Haus tigerte, hatte sich unser gleichförmiger Alltag verwandelt. Ich klebte förmlich an ihm. Wenn er, jeder Zoll ein Grande, in seinem schicken Reitdreß in Vaters großem, mit rostbraunem Leder bezogenen Ohrensessel saß und lässig in einem Buch blätterte, verschlang ich ihn mit den Augen. Sein Lesestoff war allerdings weniger nach Mutters Geschmack. Als sie dazu kam, wie er mir gerade aus einem Buch mit dem Titel ›Hugdietrichs Brautfahrt‹ den Satz vorlas: »Sie stand kokett unter einer Linde und wiegte die Hüften im Abendwinde«, gab sie ihm zu verstehen, daß das wohl nicht die geeignete Lektüre für mich sei. Wenn er Vera und mich mit forschendem Blick betrachtete und dabei über seinen kleinen, überaus kleidsamen Schnurrbart strich, begannen wir uns vor ihm aufzuspielen. Wir kicherten, schmissen uns auf die Erde und kitzelten uns, bis wir vor Lachen nicht mehr konnten.

»Ein frühreifes Kerlchen«, sagte Vater nicht ohne Wohlwollen. Bonifacio, der noch dem schwerfälligsten Gaul eine anmutige Gangart entlockte, mit Wenzel, dem Stallknecht, lange Gespräche über Hundezucht führte und eine Ente fast mit geschlossenen Augen traf, schnitt beim Scheibenschießen gerade so viel schlechter ab, daß Vater mit seinem Sieg zufrieden sein konnte. Er zeigte großes Interesse an Vaters Baumgesprächen und lauschte höflich seinen langatmigen Vorträgen über Blautannen, gewöhnliche Tannen, Douglastannen und sonstige Tannen. Er spielte exzellent jedes Kartenspiel und half entgegenkommend Mamsell beim Johannisbeerenpflücken.

Nachdem er sich im ganzen Haus beliebt gemacht hatte, ließ er uns nach seiner Peitsche kreiseln, und wir, tief in das Netz seiner Liebenswürdigkeit, seines Charmes verstrickt, tanzten gehorsam. So verschwanden nach und nach jene Gerichte vom Speisezettel, die seiner anspruchsvollen Zunge nicht eben zusagten. Statt Kartoffeln mit Stippe zum Abendbrot gab es jetzt sehr viel häufiger Spargelpudding mit Schinken, Omelette *aux fines herbes* oder sogar Kalbsragout mit Reisrand. Ohne Murren servierte ihm Lore das Frühstück auch noch nach zehn Uhr und wärmte das Mittagessen auf, denn er war recht unpünktlich. Vater duldete stillschweigend, daß er sich mit dem besten Rotwein und der wertvollsten Flinte bediente.

»Den werdet ihr nie mehr los«, prophezeite Billi, für den die Zeit gekommen war, ins Internat zurückzukehren.

»Weil für dich die Ferien vorbei sind, brauchst du doch nicht gleich so zu giften«, tadelte Mutter, die hinter jedem Sofakissen nach Vaters goldenen Manschettenknöpfen mit den Rubinen suchte. »Sollen wir Bonni vielleicht rausschmeißen? Wer hat ihn uns denn ins Haus geschleppt? Das warst doch wohl du!«

»Ich mein' ja man bloß«, nuschelte Billi.

»Hilf mir lieber die Knöpfe suchen, statt deine Weisheiten zum besten zu geben. Wenn Vater sich doch einmal angewöhnen könnte, sie dort aufzubewahren, wo sie hingehören.«

Doch die hingeworfene Bemerkung meines Bruders tat ihre Wirkung. Ein Stachel blieb bei Mutter zurück. In ihrer bewährten Art versuchte sie, den Gast auf einem Spaziergang erneut auszuquetschen. Was hörte er von seinen lieben Eltern? Was für Zukunftspläne hatte er? Was sagte Tantchen, daß er nun schon so lange von ihr fort war? Doch Bonni war von anderem Kaliber als wir. Seinen Finten war sie nicht gewachsen. Statt einer Antwort machte er sie auf einen Regenbogen aufmerksam und verjagte mit viel Getue eine harmlose Hummel, die sich in ihrem Haarnetz verfangen hatte. Und bei all dem Hin und Her kam Mutter nicht dazu, ein ernstes Gespräch mit ihm zu führen.

So wurde er immer mehr ein Bestandteil des Hauses wie Möpschen, der Bernhardiner, und die Schwalbe im Klo. Wenn die Eltern über Land gefahren waren, räumte er im Wohnzimmer die Sessel beiseite, rollte den Teppich auf und unterrichtete Fräulein Weber im Tangotanzen. Eins-zwei-Tangoschritt glitten sie engumschlungen auf und ab. Vera und ich saßen auf Vaters Schreibtisch, unsere Köpfe berührten die Füße des großen Friedrich im Goldrahmen, und wir sangen zu den Klängen des Grammophons ›Zigeuner, du hast mein Herz gestohlen‹. Wir hatten die Petroleumlampe mit einem roten Seidenschal verhängt und fühlten uns fast wie im Kaffee Smolinsky, wo man in dicken, roten Plüschsesseln versank und ein Pianist die neuesten Schlager spielte.

Bald machte sich Bonni auch in der Nachbarschaft angenehm. Besonders bei der Baronin Lipski und deren Tochter Edeltraut, einem rotbackigen Backfisch, der in Schmierstiefeln wie ein beschlagenes Pferd die langen Gänge im Schloß entlangtrampelte. Auch mit dem Pastor schloß er Freundschaft. Dieser war ein etwas cholerischer

Mann, der ungehorsame Konfirmanden gelegentlich noch auf Erbsen knien ließ und keinen Widerspruch duldete. Bonni war da eine Ausnahme. Der Pastor spielte mit ihm Schach und konnte ihn Vater gegenüber gar nicht genug rühmen. Bonni hatte den Diebstahl zweier silberner Leuchter in der Kirche entdeckt und als erster gleich zehn Mark für ein Paar neue gespendet. »Damit werden Sie nicht sehr weit kommen«, sagte Vater mürrisch, der als Patronatsherr bereits wieder neue Ausgaben auf sich zukommen sah.

»Jeder nach seinen Möglichkeiten«, sagte der Pastor verweisend.

Überhaupt war Bonni mit dem Einspänner oder auf Vaters Rad viel unterwegs. So stieß ich auf ihn beim Brombeersuchen. Er hatte es sich in einer vom Wind geschützten Kuhle bequem gemacht und nahm augenscheinlich ein Sonnenbad, obwohl es recht kühl war und nur eine blasse Sonne am Himmel stand. Hinter ihm im Gebüsch raschelte es unheimlich.

»Was ist das?« flüsterte ich ängstlich. »Hoffentlich kein tollwütiger Fuchs.«

Bonni knöpfte Hemd und Jacke zu und sprang auf: »Nichts wie weg!«

Wir radelten beide in verschiedenen Richtungen davon. Auf dem Waldweg überholte ich Annelise. Sie hastete durchs Unterholz, als sei der tollwütige Fuchs bereits hinter ihr her. Wahrscheinlich wollte sie den Lumpenmann mit seinem Wagen noch einholen, der die herrlichsten Schuhspangen, Ringe und Broschen gegen altes Zeug tauschte, denn sie trug ein Bündel Wäsche unterm Arm. »Das schaffst du nicht mehr!« rief ich ihr zu. »Der ist schon im Luch.«

Aller Gastfreundschaft zum Trotz begann Bonnis Gegenwart Vater allmählich lästig zu werden – »Man möchte ja auch mal wieder unter sich sein.« Die Trennung kam jedoch schneller, als er gedacht hatte. Baronin Lipski hatte sich zum Tee angesagt. Sie hatte gerade ihr Lieblingsthema, die Dienstboten, am Wickel und erzählte: »Stellen Sie sich vor, liebe Gräfin, stiehlt das Mädchen wie ein Rabe und wird auch noch frech und leugnet alles, dabei hat sich Edeltrauts Medaillon bis heute nicht angefunden –«, als das Gespräch durch Bonifacio unterbrochen wurde, der atemlos und blaß ins Zimmer kam.

»Ich werde leider heute noch nach Berlin zurückfahren«, sagte er zu meiner Mutter. »Tante muß ins Krankenhaus, ich habe eben von der Post mit ihr telefoniert.«

»Nein, wie schade!« rief die Baronin, und: »Das tut mir aber leid«, sagte Mutter. Im Handumdrehen hatte er seine Sachen gepackt, und wir versammelten uns auf der Terrasse, um ihm nachzuwinken.

»Lassen Sie sich bald mal wieder sehen«, sagte Vater, als wäre ihm nie der Gedanke gekommen, ihn loszuwerden.

»Nur zu gern«, sagte Bonni, sah Mutter und dem Fräulein tief in die Augen, strich Vera und mir sanft übers Haar und setzte sich neben Wilhelm Wenzel, der bereits auf dem Wagen ungeduldig mit der Bogenpeitsche wippte.

Ein paar Tage später erschien der Landjäger.

»Was verschafft uns denn diese Ehre?« fragte Vater. »Haben Sie die Kinder vielleicht beim Kaninchenschießen in fremdem Revier erwischt?« Der Landjäger lachte reserviert.

»Ich würde mich gern einmal mit dem jungen Mann unterhalten, der bei Ihnen wohnt.«

»Der ist abgereist. Was hat er denn ausgefressen?«

Der Polizist warf einen bedeutungsvollen Blick auf Vera und mich.

»Also, ihr beiden«, sagte Vater, »geht mal in den Garten und seht im Regenmesser nach, wieviel es schon geregnet hat.«

Wir verließen das Zimmer und blieben hinter der Tür stehen, um zu lauschen. Was wir zu hören bekamen, ließ unsere Ohren förmlich ins Holz hineinwachsen. Annelise war in der Kirche mit einem Anhänger um den Hals erschienen, den sie kaum beim Lumpenmann gegen ein paar alte Kleider eingetauscht haben konnte. Es gab lautes Getuschel, und der Landjäger wurde darauf aufmerksam gemacht. Nach dem Gottesdienst stellte er Annelise und sagte: »Lischen, woher hast du das?«

»Geht Sie 'n feuchten Dreck an«, entgegnete diese in ihrer dorfbekannten Pampigkeit.

»Kind, bring dich nicht ins Unglück.« Der Landjäger nahm den feuersprühenden Stein auf dem Schmuckstück genau in Augenschein. Der Anhänger hatte eine fatale Ähnlichkeit mit dem von der Baronin Lipski als gestohlen gemeldeten Medaillon. »Sag's lieber gleich, wie's war.«

Annelise gestand. Der großzügige Schenker war der Grande gewesen.

»Was Sie nicht sagen.« Vaters Stimme klang fassungslos.

»Es wird noch mehr vermißt.« Dem Landjäger war anzumerken, daß er unserem Bonni das Schlimmste zutraute.

»Vielleicht hat er ja auch die silbernen Leuchter –«

»Der Verdacht besteht«, sagte der Polizist. »Kann ich bitte seine Adresse haben?«

Doch die Nachforschungen der Polizei verliefen im Sande. Die Anschrift erwies sich als falsch. Bonni blieb verschwunden. Zurück kam auch ein Brief für ihn, den wir ihm nachgeschickt hatten. Er war über und über mit Stempeln versehen und trug den handschriftlichen Vermerk: »Auf dem Kirchhof unbekannt.«

Natürlich fiel die ganze Familie über Billi her, als er in den Herbstferien nach Hause kam.

»Du hättest es uns sagen müssen«, tadelte Mutter.

»Was denn?« fragte Billi erstaunt.

»Daß er ein Kleptomane ist«, sagte Mutter.

»So kann man's auch nennen«, sagte Vater.

»Seid ihr verrückt?« Billi fiel aus allen Wolken. »Wie kommt ihr darauf, daß ich das wissen muß?«

»Weil du der einzige von uns warst, der ihn nicht gerade freundschaftlich behandelt hat.«

»Das hatte einen anderen Grund.« Billi wurde verlegen.

»Den möchten wir jetzt gern wissen«, sagte Vater.

»Meinetwegen. Er hat mir Lucie ausgespannt.«

»Was für 'ne Lucie?« wollte Vater wissen.

»Na, die Schwester von dem Jungen, bei dem ich mit Bonni in der ersten Ferienwoche war.«

»Vergessen wir's«, sagte Vater. Das war leicht gesagt. Ein kleiner Bonni war nämlich unterwegs. Annelise erwartete ein Kind.

»Bonifazius Kiesewetter war ein Schweinehund von je –«, rezitierte Vater.

»Alfred«, sagte Mutter.

Vaters Manschettenknöpfe fanden sich übrigens wieder an. Sie waren in eine tiefe Dielenritze gerollt und mußten sehr umständlich mit einem Küchenmesser wieder herausgepolkt werden.

15
Robert, der Prächtige

Jedesmal, wenn Vater mit einem von uns Besuch von der Kleinbahn abholte, wies er an einer bestimmten Stelle mit der Peitsche auf ein fernes Gebäude und machte den mäßig interessierten Gast darauf aufmerksam: »Dort wohnt der Piepenhans.« Über Piepenhans, so genannt, weil er eine hohe Stimme hatte und in Kindheitstagen ›Hänschen, piepe mal‹ sein Lieblingsspiel gewesen war, wurde gern geredet. Sein Schloß lag wie eine aufgeblähte, bemooste Kröte auf einer kleinen Anhöhe und konnte vor lauter Efeu kaum noch aus den Fenstern gucken. Die wuchtige eichene Doppeltür, an der sich nur noch ein Flügel bewegen ließ, trug Onkel Hans' Wappen und war durchsiebt von Teschingkugeln. Piepenhans lebte ganz allein mit seiner Mutter in diesem Riesenkasten. Er war klein und rundlich, aber behende, und pflegte gern von sich »als Mann« zu sprechen. »Ich sage euch als Mann«, hatte er vor vielen Jahren als grünes Bürschchen auf einer Jagd herumgekräht, »ich werde mir mindestens fünf Söhne anschaffen.«

»Wie ich dich kenne, weißt du sogar schon ihre Namen«, sagte Onkel Karl kopfschüttelnd über diese Anmaßung, die sogar noch seine eigene übertraf.

»Richtig.« Piepenhans holte mit einem schnellen Schuß eine Krähe herunter. »Bestimmt wird ein Robert darunter sein.«

Er heiratete denn auch sehr jung. »Nun kannst du ja ans Anschaffen gehen«, sagte Vater auf der Hochzeit. Doch irgendwie lief die Sache schief. Piepenhans bekam eine Tochter nach der anderen. Bei der dritten hatte er in die Zeitung setzen lassen: »Diesmal noch mit großer Freude geben wir... bekannt«, bei der vierten starb seine Frau. Vor Schreck, wie man behauptete. Piepenhans gab nicht auf. Er heiratete zum zweitenmal, die Witwe seines Bruders, was man sehr praktisch fand. »Die weiß wenigstens gleich, wo im Keller der Rotwein steht.« Doch die Ehe blieb kinderlos, und die Frau starb nach acht Jahren an Diphtherie. Inzwischen hatten seine vier Töchter das Haus verlassen und sich selbständig gemacht. Zu Hause ließen sie sich nur selten blicken. Der Vater hatte sich nie sehr um sie gekümmert, und die butterlosen Marmeladenbrote zum Frühstück sowie der Tick ihrer Stiefmutter, sie zur Abhärtung jeden Morgen mit kaltem Wasser zu übergießen, waren allzu lebhaft in ihrer Erinnerung geblieben. Zudem war das Gut Majorat und würde später sowieso an einen Vetter vererbt werden.

Jetzt also wurde Piepenhans' Haus von seiner Mutter geführt, die noch sehr rege, aber ebenfalls sehr sparsam war. Das Mobiliar war ein Sammelsurium von Stilen. Keine Tür schloß richtig, und alles wackelte. War man bei Onkel Hans zu Gast, setzte man sich nur mit äußerster Vorsicht und stand ebenso behutsam wieder auf aus Angst, sich an Splittern und Nägeln Hosen und Röcke zu zerreißen. Dafür waren Hof und Maschinen hochmodern. Piepenhans war ein fortschrittlicher Landwirt. Die Ställe waren luftig, und die gut geputzten Kühe standen auf sauberem Stroh.

Einziger Ersatz für seine unerfüllt gebliebenen Vaterträume war sein Reitpferd, der Rappe Robert, den er gar nicht genug rühmen konnte. Wenn er von ihm erzählte, hatte man den Eindruck, er spreche von einem hochgezüchteten Araber und nicht von diesem dicken, boshaften Teufel, an den sich der Stallknecht zum Putzen kaum herantraute. Aber Piepenhans wollte kein schlechtes Wort über seinen Liebling hören. »Vielleicht manchmal ein bißchen heftig, aber beim Reiten das reine Lamm.« Zwischen dem Lamm und ihm entwickelten sich unterwegs lautstarke Machtkämpfe, denn Robert bog aus rätselhaften Gründen jeden Weg rechts ein. Onkel Hans brüllte außer sich: »Wirst du wohl! Was soll das!« – zerrte an den Zügeln und gab ihm die Sporen. Aber das einzige, was er erreichte, war, daß sie dann den Heimweg getrennt zurücklegten. Wenn Bruno und ich an Roberts Koppel vorbeiradelten, galoppierte er schnaubend und mit geblähten Nüstern am Zaun auf und ab und versuchte, über den Draht hinweg nach uns zu schnappen.

Noch mehr als Kinder haßte er Ausflügler. Mit ihnen spielte er ein selbsterdachtes Spiel, das ihm großes Vergnügen bereitete. Wenn sie am Sonntag in Scharen vorbeikamen, stellte er sich mit gesenktem Kopf unter eine alte Kastanie und starrte schwermütig auf das dürre Gras zu seinen Füßen. Die wohlgerundeten Flanken hatte er so eingezogen, daß er wie ein halbverhungertes Zigeunerpferd aussah. Dazu klemmte er seinen Schwanz ganz fest unter den Bauch, was den Eindruck des Elends noch verstärkte.

»Seht mal das arme Pferdchen«, sprachen die Mütter zu ihren Kindern, »das werden wir jetzt mal füttern.« Sie krochen durch den Draht und machten sich, mit ihren Stöckelschuhen über die Maulwurfshügel stolpernd, auf den Weg zu ihm. Robert, der müde mit den Augenlidern zuckte, um die Fliegen abzuwehren, wußte genau, wann der richtige Augenblick gekommen war. Er sprang aus dem Stand auf sie zu, die Oberlippe über den gelben Zähnen zurückgezogen, und schnappte mit angelegten Ohren nach ihnen, drehte sich zwischendurch um und keilte aus.

Zu seinem Pech wußte er dabei nicht das rechte Maß zu halten. Als die Klagen sich häuften, blieb seinem Herrn nichts anderes übrig, als in der Koppel eine Tafel mit der Aufschrift »Vorsicht, Pferd beißt und schlägt!« aufzustellen. Robert wunderte sich natürlich, wieso sein Spiel plötzlich vorbei war. Er grämte sich sehr, bis es ihm an einem Sonntag gelang, das nur nachlässig geschlossene Koppeltor aufzuschieben. Zuerst fiel er über Vaters Klee her, dann stellte er sich in gewohnter Pose am Wegesrand unter eine Birke. Bald war er von Städtern umringt, die sich zuriefen: »Seht mal, ein Pferd! Was macht das hier? Wahrscheinlich weggelaufen –« und die nach allen Seiten auseinander stoben, als er sie attackierte. Robert konzentrierte sich auf eine ältere Frau, die ihn durch gellende Schreie besonders animierte. Er verfolgte sie bis auf die Höhe einer tiefen Sandgrube. Als die Frau Robert hinter sich schnauben hörte, überlegte sie nicht lange. Sie hob ihre Röcke und rutschte den Sandhang hinunter. Obwohl Robert alle vier Hufe als Bremse benutzte, gelang es ihm nicht, rechtzeitig vor dem steilen Abgrund zu stoppen. Sein von Klee aufgeblähter Bauch gab ihm einen zu großen Schub. Unter verzweifeltem Wiehern segelte er durch die Luft und überschlug sich. Er brach ein Bein und mußte erschossen werden.

Da Onkel Hans ein fortschrittlicher Mensch war und ihn das Reiten in letzter Zeit sowieso über Gebühr angestrengt hatte, beschloß er, sich ein Auto zu kaufen. Die Grüne Woche in Berlin war ein guter Anlaß dafür. In einem Autosalon ließ er sich von einem wendigen jungen Mann die neuesten Modelle vorführen, die er mit den Augen des alten Kavalleristen prüfte. Der Verkäufer mühte sich auf seine Weise, diesem sonderbaren Kunden die einzelnen Typen schmackhaft zu machen. Er pries Motor und Innenausstattung, während Onkel Hans jedes Auto beklopfte und von »schwacher Hinterhand« und »abfallender Kruppe« sprach. Der passende Wagen wurde schließlich gefunden, ein mächtiges Ding, dessen Hupe sich anhörte wie ein Hirsch zur Brunftzeit.

»Haben denn Herr Baron schon einen Chauffeur?« fragte der Verkäufer.

»Chauffeur?« sagte Piepenhans. »Den fahr' nur ich allein, da kommt mir kein anderer ans Steuer.«

Wir erfuhren von Onkel Hans' neuester Errungenschaft mehr durch Zufall, denn bis in unsere Wildnis war die Kunde von seinem Kauf noch nicht gedrungen. Wir waren zum Abendessen eingeladen und hatten das warme Wohnzimmer verlassen, um uns in den eisigen Speisesaal zu begeben, in dem ein Kachelofen vergeblich gegen die Kälte anheizte. Während Onkel Hans' Ahnen auf uns herabsahen und Mäuse durch die neben der Anrichte zum Trocknen ausgebreiteten Nüsse huschten, löffelten wir mit klammen Fingern und kleinen Wölkchen vor dem Mund unsere Suppe. Als Hauptgang gab es Schweinebraten mit Sauerkraut und Kartoffelklößen.

Onkel Hans' Mutter war gerade dabei, Vater ein Stück Fleisch auszusuchen – »Du bist immer so bescheiden, mein lieber Alfred, am Ende wirst du mir nicht satt« –, und legte ihm ein recht kleines, aber sehr fettes Bratenscheibchen auf den Teller, da meldete der Diener: »Der Mann, der Robert verarztet hat, ist draußen.«

»Soll reinkommen«, sagte Piepenhans.

Auf der Schwelle erschien ein junger Mann im gestreiften Overall, einen Werkzeugkasten unter dem Arm, und sagte: »Allens in Ordnung, nu loofta wieda.«

»Er spricht von Robert«, erklärte der Hausherr, »ich meine das Auto, das ich gekauft habe. Ihr müßt es euch unbedingt nach dem Essen einmal ansehen.«

Von nun an sah man ihn nur noch mit seinem Auto in der Gegend herumkutschieren. Gestiefelt und gespornt wie zu einem Ausritt begab er sich jeden Morgen hinter das Lenkrad. Sprang an kalten Tagen der Motor nicht an, nannte er den Wagen einen lahmen Schinder, eine elende Krücke. Seine Mutter teilte seine Passion. Sie war ganz versessen darauf, hinten im Wagen zu sitzen und die Alleebäume vorbeiflitzen zu sehen. Die alte Dame beklagte sich nicht, wenn ihr Sohn, um Robert zu strafen, in hohem Tempo durch die Schlaglöcher jagte, so daß sie mit dem Kopf gegen die Decke flog. Sie hatte sich angewöhnt, eine Art selbst angefertigten Sturzhelm zu tragen, der, mehr praktisch als kleidsam, den Kurfürstendamm zu staunender Bewunderung hinriß, als sie einmal vergaß, ihn rechtzeitig abzusetzen. Als das Auto und Piepenhans mal wieder eine Meinungsverschiedenheit hatten, fuhr er mit Vollgas auf einen Sturzacker und brüllte so laut, daß

Bruno, der gerade seine Karnickelfallen ganz in der Nähe nachsah, vor Schreck fast selbst in die Falle geriet. »Tob dich aus, du Aas!« Das tat das Aas denn auch gründlich. Es stak bis zu den Achsen im nassen Boden und mußte von einem Gespann wieder herausgezogen werden.

Vater war dafür bekannt, daß er überall, wo er hinfuhr, seine Kinder mitschleppte, ob es den Nachbarn nun paßte oder nicht. Und so sagte er beim Mittagessen mit der Miene eines gütigen Weihnachtsmannes: »Ich hab' was Schönes für dich und Billi. Ihr könnt heute mit mir zu Onkel Hans fahren.«

»Ooch«, sagte Billi gedehnt, »nimm doch Vera mit, ich bleib' ganz gern hier.«

»Damit ich die Weinkiste für Piepenhans allein schleppen kann«, sagte Vater entrüstet.

»Wie reizend, die Kinder mitzubringen!« rief die alte Dame, als wir ankamen, und rettete mit hastigem Griff eine offene Keksdose. »Ich lasse gleich etwas heiße Schokolade für sie bringen.«

Die Schokolade war dünnster Kakao, aber der frische Butterkuchen schmeckte dafür um so besser. Wir waren so richtig am Abräumen, und die alte Dame wurde schon ganz unruhig – »Der Kuchen ist aber noch sehr frisch, Kinder« –, da griff Vater ein und sagte: »Wir haben noch einiges zu besprechen, spielt ein bißchen draußen.« Dazu hatten wir gar keine Lust, denn es hatte angefangen zu nieseln.

»Ihr dürft euch ins Auto setzen«, sagte der Hausherr großmütig. Robert, der Prächtige stand auf dem Hof und wurde von einem Knecht gewaschen. Als wir uns dem Auto näherten, ging dieser gerade pfeifend, den Eimer in der Hand, in den Stall. Die Türen standen offen. Im Nu hatten wir uns auf die Sitze geschoben.

»Soll ich mal?« sagte Billi und lockerte die Handbremse.

»Bist du verrückt!« kreischte ich voll Entzücken. Da

rollte der Wagen auch schon über den leicht abschüssigen Hof und rammte eine Pumpe.

»Ihr verfluchten Bälger! Was habt ihr da bloß angerichtet! Das wird Dresche geben.« Der Knecht scheuchte uns vor sich her ins Haus. Onkel Hans lief auf den Hof, um den Schaden zu besichtigen. Ganz gebrochen kam er wieder zurück. »Schrott, nichts als Schrott!«

»Nun übertreib man nicht, Hans Heinrich.« Die alte Dame schob ungerührt ihr Gebiß mit der Zunge zurecht. Wortlos verließ Onkel Hans das Zimmer und ließ sich nicht mehr blicken. »Wahrscheinlich ins Bett gegangen«, vermutete seine Mutter. »Genau wie sein Vater, immer gleich alles zum Wegschmeißen.«

Wir verabschiedeten uns betreten. Auf dem Heimweg machte uns Vater so fertig, daß ich zu weinen anfing. »Das hat man gern, auch noch Tränen«, rief Vater. Aber im Flur hörte ich ihn zu Mutter sagen: »Was für ein Theater wegen einer kleinen Beule.«

Es dauerte seine Zeit, bis Onkel Hans über unsere Missetat hinweg war. Aber jedesmal, wenn wir ihn trafen, sah er Billi und mich ernst an, als wollte er sagen: Verziehen habe ich euch, aber vergessen kann ich es nicht, was ihr meinem Robert angetan habt.

Die Wildgänse begannen zu ziehen. Es wurde Winter, der See fror zu. Unbedingt mußten Billi und ich probieren, ob das Eis uns schon trug. Vom Wald führte ein schmaler Hohlweg steil ab bis zum Ufer, den wir, uns gegenseitig schubsend, hinunterliefen. Plötzlich hörten wir hinter uns Motorengeräusch und Onkel Hans schreien: »Zur Seite, Kinder! Zur Seite!« Wir drehten uns um, das Auto war bereits bedrohlich nah. Wir konnten uns gerade noch an die steile Böschung pressen, da rauschte Robert auch schon mit bösartigem Röhren an uns vorbei durchs Schilf. Nach einigen Metern bog sich das Eis unter ihm wie ein Stück vollgesogener Pappe. Er begann zu sinken.

Inzwischen hatte uns der Onkel erreicht. »Ich muß die Handbremse nicht richtig angezogen haben, als ich ausgestiegen bin, nun ist er hin!«

Robert, der Prächtige war nicht mehr zu retten. Zuerst konnte man ihn nicht herausholen, weil das Eis zu dünn war, und dann stak er so tief im Morast, daß es nicht einmal gelang, ihn mit einem Kran hochzuhieven. Das Dorf war wieder um eine Legende reicher.

Nun hörte die Jungfer Zech zur Geisterstunde nicht nur das Läuten der Glocken aus dem im See versunkenen Dorf, sondern sie sah auch Roberts Scheinwerfer aufleuchten und Blinkzeichen geben.

Diesmal, so erzählte es jedenfalls sein Kutscher, zog sich Piepenhans ganze acht Tage in sein Bett zurück. Doch das Schicksal meinte es noch einmal gut mit ihm. Die jüngste Tochter bekam einen Sohn. »Na ja, jetzt sieht er mehr wie 'ne Kaulquappe aus«, meinte der überglückliche Großvater. »Aber aus dem wird was, das sag' ich als Mann. Und weißt du, wie er heißen wird?«

»Kann's mir denken«, sagte Vater.

16
Das Schützenfest

Wochenlang hatte sich der See bis zu unserem Gartenzaun ausgebreitet und war um die Zaunpfähle geschwappt. Doch nun war das Hochwasser zurückgegangen. Die Wiesen färbten sich gelb mit Sumpfdotterblumen, und das Storchenpaar hatte sich nach langem, beratendem Geklapper endgültig dazu entschlossen, das Nest auf dem Scheunendach zu beziehen. Unter Möpschens wohlwollenden Blicken legte Küki seine Eier in den Hundekorb, die der Bernhardiner dann sogleich mit einem gierigen Schnapp auffraß. Mutter spielte mit viel Pedal die Loewe-Ballade vom Nöck:

»Komm wieder, Nöck, du singst so schön!
Wer singt, kann in den Himmel gehn.
Du wirst mit deinem Klingen
zum Paradiese dringen.«

Sie machte sich, ganz gegen jede Tischsitte, aus Kaffee, Milch und Brotbrocken eine Babe, erzählte von ihrer Zeit in Paris und dem Unterricht bei einem berühmten Schauspieler, der ihr die undeutliche Aussprache abgewöhnen sollte und sie gern den Feuerreiter zitieren ließ: »Hinterm Berg, hinterm Berg brennt es in der Mühle!« Vater nahm sein morgendliches Bad im See wieder auf – »Alfred, denk an dein Bein, du wirst in dem kalten Wasser einen Krampf bekommen!« Alles sichere Anzeichen dafür, daß wir uns mit Riesenschritten dem Höhepunkt des Jahres näherten: dem Schützenfest in der Kreisstadt.

Vater sah uns kopfschüttelnd zu, wie wir mit einem gebogenen Draht die Groschen aus unseren Sparschweinen polkten. »So schnell schießen die Preußen nicht. Es ist ja gerade man erst Ostern vorbei.« Er ließ sich aber dann doch von unserer Vorfreude anstecken und pustete sich damit auf, daß er sogar Mutter einmal einen Riesenrosenstrauß aus künstlichen Blumen zusammengeschossen habe. »Wann denn?« fragte Mutter.

Wir begannen in Erinnerungen zu schwelgen. Wer uns dabei zuhörte, mußte den Eindruck gewinnen, daß mit jedem Schützenfest großes Unheil verbunden war und daß man besser daran getan hätte, zu Haus zu bleiben. Einmal leuchtete uns die Feldscheune wie ein glühendes Riesenauge schon von weitem auf dem Heimweg entgegen, und als wir hinkamen, empfing uns die Feuerwehr, die bereits ihre Kehlen mit viel Bier angefeuchtet hatte, mit dem Lied ›Was kommt dort von der Höh'‹, denn sie alle waren Mitglieder des Gesangvereins »Grüne Laube«. Ein andermal waren die Kühe ausgebrochen. Wir rannten die halbe Nacht kreuz und quer durch den Wald, bis wir sie endlich fanden. Möpschen wiederum brachte Vater in eine peinliche Lage. Er war bei unserer Abfahrt mit seiner ganzen Leibesfülle auf den Küchentisch gesprungen und hatte uns, seinen dicken Kopf gegen die Fensterscheibe gedrückt, sehnsüchtig nachgesehen. »Sei ein braver Hund!« riefen wir ihm zu. Doch diese Mahnung hatte er wohl nicht mehr so ganz mitbekommen. Als wir zurückkehrten, war er jedenfalls aus dem Haus entwischt und umschlich knurrend einen Mann, der sich vor Angst nicht rührte und regte. Erst als er Vater sah, kam Leben in ihn. »Eine geschlagene Stunde steh' ich hier, und kein Aas läßt sich blicken! Weshalb bestellt man mich dann überhaupt?«

»Mein Gott, der Fleischbeschauer«, sagte Vater. »Den hab' ich total vergessen.«

Angenehmes Gruseln erzeugte noch heute Billis und Veras Fischvergiftung. Sie hatten am Glücksrad gemeinsam einen Spickaal gewonnen. Er war strippendünn und reichlich matschig, trotzdem verschlangen sie ihn mit Haut und Gräten. Es gab eine recht unruhige Nacht. Die Eltern waren bis zum Morgen mit ihnen zu Gange, hielten über Eimer gebeugte Köpfe, machten heiße Umschläge und kochten Pfefferminztee. Als alles nichts half, ließ Vater schließlich den Doktor holen. Es dauerte einige Zeit, bis sie beide wieder auf dem Damm waren. Nur die Haare gingen Vera jetzt büschelweise aus, aber Vater tröstete sie: »Dann können sie beim Kämmen wenigstens nicht mehr ziepen.«

Auf dem letzten Schützenfest hatte unsere Kusine Wilhelma für reichlich Gesprächsstoff gesorgt. Da es immer in die Pfingstferien fiel, war sie mit ihrer Schwester Didi, Onkel Karl und Tante Sofie wie gewöhnlich bei uns zu Besuch. Die kleine Wilhelma, dieses stille Wasser, entwickelte ein erstaunliches Talent, Geheimnisse zu ergründen. So hatte sie auch bei einer Glücksbude herausgefunden, an welchen Schnüren man ziehen mußte, um etwas Lohnendes zu gewinnen. Sie zupfte in großer Ruhe, und ein riesiger Teddy gehörte ihr. Der Schausteller machte eine süßsaure Miene: »Was für einen Glückspilz wir hier doch haben.« Wilhelma nahm den Teddy gelassen entgegen, sagte artig danke und reichte ihm einen zweiten Groschen. Der Mann warf ihr einen gehässigen Blick zu, zögerte einen Augenblick, rief aber dann mit falscher Freundlichkeit: »Kommen Sie näher, meine Herrschaften! Einmal ist keinmal! Dieses Kind hat soeben einen Teddy gewonnen, der mich gut und gern meine zehn Märker gekostet hat.« Wilhelma suchte, prüfte und zog eine großäugige Puppe in die Höhe. Der Schausteller machte ein Gesicht, daß mir ganz bange wurde. Er warf schnell einen Blick in die Runde. Konnte er es riskieren, oder sah ihm gerade jemand auf die Finger? Blitzschnell tauschte er beim Abknüpfen die Puppe gegen ein Quietschschweinchen aus Gummi.

»Das ist ja ein starkes Stück«, entrüstete sich ein alter Herr, dem Wilhelmas scheue Art sehr gefiel. »Ich habe genau gesehen, daß dieses Kind ganz etwas anderes gewonnen hat!« Er streichelte ihr das Haar. »Was für schöne Zöpfe du hast. – Betrug! Wachtmeister! Polizei!«

»Trottel«, sagte der Budenbesitzer.
»Gemeiner Kerl!«
»Idiot!«
»Übles Subjekt!«
Während sich die beiden beschimpften, kam Didi angerannt. »Was ist, Wilhelma? Was hast du angestellt?«
»Sie weiß, welche Schnüre zu den Hauptgewinnen laufen«, rief ich bewundernd.
Zu Wilhelmas Pech hatte ihre sonst recht teuflische Schwester gerade eine fromme Phase, weil sie in den neuen Vikar zu Haus verknallt war. Wie eine Furie ging sie auf Wilhelma los, die hinter meinem Rücken Schutz suchte. »Sofort gibst du den Teddy zurück, du verdorbenes Ding! Der liebe Gott sieht alles!« Sie zeigte mit einem von Himbeerbonbons rot gefärbten Finger gen Himmel. »Ich werd' es Paps erzählen!« Vor dem hatte Wilhelma die größte Angst. Weinend überreichte sie dem Mann den Teddybär. Der sagte nicht einmal danke, sondern brüllte nur: »Verschwindet, haltet hier nicht weiter Maulaffen feil!«
Mit von der Partie pflegte auch die Stute Lisa zu sein. In ihrer Jugend war sie ein Paukenpferd gewesen, und den Krieg hatte sie bei der Artillerie mitgemacht. Wenn man ihr über die Kruppe strich, konnte man durch das Fell die Granatsplitter spüren. Sie war so steif, daß ihr jeden Morgen eine Stange unter den Bauch geschoben werden mußte, um ihr auf die Beine zu helfen. Aber erst einmal in Gang, nahm sie es an Ausdauer mit jedem jungen Pferd auf, obwohl sie im allgemeinen nur noch für leichte Arbeit benutzt wurde. Lisa liebte Marschmusik. Wenn wir ihr eine Freude machen wollten, zogen wir mit dem Grammophon in den Stall, stellten es auf die Häckselkiste und spielten ihr ›Preußens Gloria‹ vor, was sie in wilde Ekstase versetzte. Sobald wir uns mit ihr dem Schützenplatz näherten und das Bum-Bum der Musik zu hören war, begann sie die Ohren zu spitzen, hin und her zu tänzeln und wie ein Schaukelpferd auf der Stelle zu

galoppieren, so daß der Wagen gefährlich ins Schwanken geriet. »Warum nimmst du ausgerechnet dieses Pferd!« Mutter klammerte sich an die Seitenlehnen.

»Man muß dem tapferen Tier auch mal was gönnen«, sagte Vater.

Frau Stephanie, die im ersten Jahr Mutter ganz ungläubig gefragt hatte: »An so was finden Sie Vergnügen?«, war nun mit am unersättlichsten. Sie juchzte so laut auf der Schiffsschaukel, daß wir uns für sie schämen mußten, und meinte zu ihrem verzerrten Spiegelbild im Lachkabinett: »Kinder, ich schrei' mich weg!«

Wie üblich äußerte sich auch in diesem Jahr unsere Aufregung vor dem Schützenfest in Türenknallen, Gezanke und Tränen. Vater sagte, wir sollten uns bloß nicht einbilden, er habe die Spendierhosen an und werde mit dem Geld um sich schmeißen. Er zeigte uns sein leeres Portemonnaie – »Seht selbst, ratzekahl. Nur ein Hosenknopf!« – und schenkte jedem von uns dann äußerst großzügig eine Mark.

Als wir in zwei Wagen losfuhren, begegneten wir unterwegs Nachbarn und Freunden, teils auf Fahrrädern, teils mit Pferd und Wagen wie wir. Auch auf der Hauptstraße herrschte lebhafter Verkehr. Vor uns fuhr die Mutter von Piepenhans, nun, da Robert, der Prächtige im See versunken war, wieder im Einspänner. Wir mußten bis zur Stadt hinter ihr herzuckeln, weil Mutter behauptete, es sei ein Fauxpas, die alte Dame zu überholen.

Vor der am Schützenplatz gelegenen Gaststätte spannten wir die Pferde aus, und dann zogen wir los. Onkel Karl, mein Patenonkel, schenkte mir ein Geldstück, und als ich unbedacht losjubelte, um die anderen neidisch zu machen: »Eine Mark, eine ganze Mark!« – sah er mich verbiestert an: »Was? Da hab' ich mich vergriffen. Gib her, hier hast du zehn Pfennig.«

Bruno und ich mischten uns zunächst einmal unter eine Gruppe Waisenkinder, die Freifahrten für die Karussells hatten, und verzogen uns erst, als eine Schwester drohend auf uns zugesegelt kam. Wir trafen Brunos Mutter, die in ihrem von Frau Marianne geerbten Braunseidenen und dem Blumenhut sehr herausgeputzt aussah und jedem von uns gnädig eine Lutschstange kaufte. Auch Brümmerstedt und Förster Leisegang waren da. Sie standen vor einer Bude und gafften eine Frau an. »Kiek mal, halb Weib, halb Strauß«, sagten sie zu uns. »Wollt ihr mich mal anfassen?« fragte die Dame Bruno und mich und scharrte kokett mit ihrem Straußenfuß. Aber das wollten wir nicht.

Onkel Karl, Vater und Billi schossen an einer Schießbude um die Wette, und Vater sagte: »Kimme und Korn gestrichen, mein Junge.« Mutter saß mit Frau Stephanie und der Landrätin im Gartenlokal und tauschte den neuesten Klatsch aus. Als Bruno und ich herantrotteten, schmückte sich Mutter mit mir vor den kinderlosen Frauen, zog mich sehr zu meinem Unbehagen auf den Schoß und verriet den Damen meine große Intelligenz. »Recht blaß das Kind«, sagte die Landrätin. »Müßte mal an die See.« Mutter hatte schnell genug von mir. Sie schob mich von sich: »Nun geht mal gucken, was Vater macht. – Latsch nicht so über den großen Onkel!« rief sie mir noch nach.

Didi gesellte sich zu uns. Sie strebte zum Kettenkarussell. Ich wollte nicht, ich hatte Angst. Statt meiner setzte sich Bruno auf die Schaukel vor ihr, und sie kriegten sich in die Haare, weil sie ihm einen so starken Schubs gab, daß seine Schaukel auf den Vordermann flog. Ich wartete nicht ab, bis sich das Karussell in Gang setzte. Ich ging zu einem Guckkasten und besah mir den Untergang Roms. Plötzlich hörte ich hinter mir einen vielstimmigen Aufschrei. Ich drehte mich um und sah eine Schaukel durch die Luft fliegen und in eine nahegelegene Schonung krachen. Das Karussell kam jäh zum Stillstand. Die Musik verstummte. Didi sprang heulend herunter und übergab sich.

»War das etwa dein Bruder?« fragten die Leute.

Bruno! Ich raste über den Platz, rempelte Leute an, flog hin und rappelte mich wieder auf, bis ich endlich Vater gefunden hatte. »Bruno ist vom Kettenkarussell gefallen!« rief ich. Vater fiel die Zigarre aus dem Mund. Hastig wischte er sich die glühende Asche von der Hose.

Am Rand der Kiefernschonung stand eine Menschenmauer. Vater drängte sich energisch hindurch: »Nun mal Platz hier!« Auf der Erde lag regungslos ein Junge, um den sich ein Arzt bemühte.

»Traurig, traurig, aber Gott sei Dank nicht Bruno. Wie kommst du überhaupt darauf?«

»Weil er vor Didi gesessen hat«, sagte ich.

»Wir wollen sie fragen.«

Unsere Kusine hatte sich inzwischen wieder erholt. Sie berichtete, daß Bruno im letzten Augenblick, ehe das Karussell in Gang kam, wieder abgesprungen war. Ein anderer Junge hatte sich auf seinen Platz gesetzt.

Aber wo steckte Bruno? Wir pfiffen und schrien nach ihm und suchten jede Bude ab. Sogar bei dem Hypnotiseur drangen wir ein. Der hatte gerade einen Mann dazu gebracht, sich wie ein Affe zu gebärden und Klimmzüge an einer Zeltstange zu machen. Unsere lauten Stimmen erlösten das Opfer aus seiner Trance, das verlegen um sich blickte. Der wie ein Maharadscha verkleidete Hypnotiseur funkelte uns böse an, schnippte mit den Fingern und zischte: »Möchtet ihr euch mal als Ferkel fühlen?« Wir retteten uns nach draußen.

»Es wird langsam Zeit, daß wir anspannen«, sagte Vater schließlich.

Während er mit den anderen zum Stall ging, kletterte ich weinend auf den Wagen und trat auf eine Decke, die anfing sich zu bewegen. »Aua!« Bruno kam mürrisch zum Vorschein.

»Ich hab' Bruno gefunden!« schrie ich.

Mutter kam angerannt. »Dieser Junge bringt mich glatt um den Verstand!« rief sie. »Wo soll ich nur euern vielen

Kram verstauen!« Sie stellte einen kleinen Käfig mit einem Wellensittich und ein Goldfischglas unter den Hintersitz.

Es war bereits dunkel, als wir uns wieder auf den Heimweg machten. Onkel Karl hatte ein flottes Tempo angeschlagen. Sein Wagen war schon außer Hörweite.

»Endlich Ruhe«, sagte Vater. Wir fuhren an blühenden Akazien vorbei zum Luch. Sanft rollten wir den moorigen Weg entlang. Vor der Heubrücke mit dem Schild »Der Luchgrabenschaudirektor« hielten wir. Vater atmete tief: »Das ist eine Luft!« Er deutete mit der Bogenpeitsche über die Wiesen mit ihren Nebelbänken, über das im Mondlicht schimmernde Wasser, auf dem Enten tauchten und quakten. »Haben wir es nicht schön? Aber eure Mutter ist da anderer Meinung. Ständig muß sie verreisen.«

»Einmal im Jahr, Alfred«, sagte Mutter tröstend.

»Noch zuviel.« Vater blickte auf den Großen Bären am Himmel und fing plötzlich an zu deklamieren:

»Ich legte mein Boot am Ufer fest
und band es für Jahr und Tag.
Ich ging dort hin, wo die Esche wächst
und wo das Moorhuhn lag.
Meine Füße bezwangen die Steine der Furt...«

Sein Gedächtnis ließ ihn im Stich.

»Wo hast du denn das her?« fragte Mutter erstaunt, die in Gedichten sehr beschlagen war. »Das kenn' ich nicht.«

»Man ist eben gebildet«, sagte Vater.

»Von wem ist es denn?«

»Weiß ich's!«

Bruno, der Krepel, steckte seinen Kopf unter der Decke hervor und fragte verschlafen: »Schlagen wir hier Wurzeln, oder was is los?«

Isabella Nadolny im dtv

Ein Baum wächst übers Dach

Ein Sommerhaus an einem der oberbayrischen Seen zu besitzen – wer würde nicht davon träumen? Für die Familie der jungen Isabella wurde dieser Traum in den dreißiger Jahren wahr. Doch wer hätte zum Zeitpunkt der Planung und des Baus daran gedacht, daß dieses kleine Holzhäuschen eines Tages eine schicksalhafte Rolle im Leben seiner Besitzer spielen würde? dtv 1531

Seehamer Tagebuch

Heiter-ironisch erzählt die Autorin in diesem unkonventionellen Tagebuch vom Einzug des ersten Fernsehers in die ländliche Idylle des Seehamer Holzhäuschen, von einer Mittelmeerkreuzfahrt, von Putzfrauen und Handwerkern. Erinnerungen an den Vater werden lebendig, an viele kleine Begebenheiten und Erlebnisse. dtv 1665

Vergangen wie ein Rauch
Geschichte einer Familie

Als einfacher Handwerker aus dem Rheinland ist er einst zu Fuß nach Rußland gewandert und hat es dort zum Tuchfabrikanten gebracht, in dessen Haus Großfürsten und Handelsherren, der deutsche Kaiser und der russische Zar zu Gast waren: Napoleon Peltzer, der Urgroßvater des Kindes, das ahnungslos die Portraits und Fotographien betrachtet, die in der Wohnung in München hängen. dtv 10133

Durch fremde Fenster
Bilder und Begegnungen

Treffsicher und liebevoll schildert Isabella Nadolny Menschen, denen sie begegnete und die sie bewundert. »Alltägliche Leute? Sie sind alle etwas Besonderes, denn sie haben ihre Merkwürdigkeiten und ihre Schicksale – man braucht nur hinzuschauen und hinzuhören, so wie es Isabella Nadolny mit Anmut und Empfindsamkeit hier tut.« (Frankfurter Allgemeine Zeitung) dtv 11159

Providence und zurück

»Zuhause ist kein Ort, zuhause ist ein Mensch, sagt der Spruch, und es ist wahr. Hier in diesem Sommerhaus war kein Zuhause mehr seit Michaels Tod ...« In ihrer Verzweiflung über den plötzlichen Tod ihres Mannes folgt Isabella Nadolny einer Einladung in die Staaten. Von New York über Boston bis Florida führt sie diese Reise zurück zu sich selbst. dtv 11392

Amei-Angelika Müller im dtv

Foto: Studio Kleiber

Pfarrers Kinder, Müllers Vieh
Memoiren einer unvollkommenen Pfarrfrau

Sie ist ein Morgenmuffel, Kochen ist nicht ihre Stärke, und auch sonst entspricht sie nicht dem Ideal einer Pfarrfrau. Sie wollte auch alles andere werden, nur das nicht. Doch sie lernte einen Theologiestudenten kennen – und lieben.
dtv 1759 / dtv großdruck 25011

In seinem Garten freudevoll...
Durchs Gartenjahr mit Wilhelm Busch

Jeder glaubt Wilhelm Busch zu kennen, doch eine Seite des berühmten Zeichners, Dichters und Philosophen ist weniger bekannt: Er war ein großer Naturfreund und Hobbygärtner. Amei-Angelika Müller hat diesen »anderen« Wilhelm Busch aufgespürt in seinen Briefen, Gedichten und Zeichnungen, in denen er von Gärtners Freud und Leid erzählt, das menschliche Leben mit dem Ablauf der Jahreszeiten vergleicht und Tiere und Pflanzen beobachtet.
dtv 10883

Ich und du, Müllers Kuh
Die unvollkommene Pfarrfrau in der Stadt

Nach sieben Jahren in der ländlichen Pfarrei folgt Amei-Angelika Müller ihrem Mann auf eine Pfarrstelle in der Stadt. Neue Erlebnisse und Erfahrungen warten auf die »unvollkommene Pfarrfrau«, von denen sie mit viel Selbstironie und gekonnter Situationskomik erzählt.
dtv 10968

Sieben auf einen Streich

Eine herzerfrischend fröhliche, witzige und humorvolle Familiegeschichte: Sieben Geschwister nebst Anhang, insgesamt siebzehn Personen, darunter nicht weniger als drei Pfarrer, versammeln sich zu einem Familientreffen im Harz. Vergnügliche Einblicke in eine ganz und gar unmögliche Familie...
dtv 11204

Veilchen im Winter

Was macht eine junge Frau, die sich von ihrem skibegeisterten Ehemann zum gemeinsamen Winterurlaub überreden läßt, obwohl sie selbst völlig unsportlich ist und den Winter zutiefst verabscheut? Sie würde nach wenigen Tagen enttäuscht und zornig abreisen – wäre da nicht eine gleichgesinnte Seele in Gestalt eines kleinen Jungen.
dtv 11309

Erich Kästner
im dtv

Foto: Süddeutscher Verlag

Doktor Erich Kästers
Lyrische Hausapotheke
dtv 11001

Bei Durchsicht meiner Bücher
Gedichte · dtv 11002

Herz auf Taille · Gedichte
dtv 11003

Lärm im Spiegel · Gedichte
dtv 11004

Ein Mann gibt Auskunft

»Linke Melancholie« nannte Walter Benjamin diese Verse.
dtv 11005

Fabian
Die Geschichte eines Moralisten

Berlin 1930. Ein arbeitsloser Reklamefachmann erlebt den Niedergang der Republik.
dtv 11006

Gesang zwischen den Stühlen
Gedichte · dtv 11007

Drei Männer im Schnee

Ein vergnügliches »Märchen für Erwachsene«, das durch seine Verfilmung weltberühmt wurde.
dtv 11008

Die verschwundene Miniatur

Die nicht ganz ernstgemeinte Kriminalgeschichte um einen Schlachtermeister im Urlaub.
dtv 11009

Der kleine Grenzverkehr

Die Salzburger Festspiele lieferten den Stoff für diese heitere Liebesgeschichte · dtv 11010

Der tägliche Kram
Chansons und Prosa 1945 – 1948
dtv 11011

Die kleine Freiheit
Chansons und Prosa 1949 – 1952
dtv 11012

Kurz und bündig · Epigramme
dtv 11013

Die 13 Monate · Gedichte
dtv 11014

Die Schule der Diktatoren
Eine Komödie
dtv 11015

Notabene 45 · Ein Tagebuch
dtv 11016

Irmgard Keun im dtv

Foto: Isolde Ohlbaum

Das kunstseidene Mädchen

Doris will weg aus der Provinz, die große Welt erobern. In Berlin stürzt sie sich in das Leben der Tanzhallen, Bars und Literatencafes – und bleibt doch allein. dtv 11033

Das Mädchen, mit dem die Kinder nicht verkehren durften

Von den Streichen und Abenteuern eines Mädchen, das nicht bereit ist, die Welt einfach so zu akzeptieren, wie sie angeblich ist. dtv 11034

Gilgi – eine von uns

Gilgi ist einundzwanzig und hat einiges satt: die Bevormundung durch ihre (Pflege-)Eltern, die »sich ehrbar bis zur silbernen Hochzeit durchgelangweilt« haben, die »barock-merkantile« Zudringlichkeit ihres Chefs und den Büroalltag sowieso. Da trifft es sich gut, daß sie sich in Martin verliebt. Doch als sie bei ihm eingezogen ist, kommen Gilgi Zweifel ... dtv 11050

Nach Mitternacht

Deutschland in den dreißiger Jahren. Ein Konkurrent hat Susannes Freund Franz denunziert. Als er aus der »Schutzhaft« entlassen wird, rächt er sich bitter, und Susanne muß sich entscheiden ... dtv 11118

Kind aller Länder

Die zehnjährige Kully und ihre Eltern verlassen Deutschland, weil der Vater als Schriftsteller bei den Nazis unerwünscht ist. Es beginnt eine Odyssee durch Europa und Amerika ... dtv 11156

D-Zug dritter Klasse

In der Zeit des Nationalsozialismus treffen in einem Zug von Berlin nach Paris zufällig sieben Menschen aus unterschiedlichsten Gesellschaftsschichten und mit unterschiedlichsten Reisemotiven zusammen ... dtv 11176

Ferdinand, der Mann mit dem freundlichen Herzen

Ferdinand ist ein Mann unserer Tage, eine provisorische Existenz, wie wir es ja mehr oder weniger alle sind. Es geht ihm nicht gut, aber es gelingt ihm, meistens heiter zu sein, das Beste aus seinem Leben zu machen. dtv 11220

Ich lebe in einem wilden Wirbel
Briefe an Arnold Strauss
1933 bis 1947
dtv 11229

Kindheit und Jugendzeit im dtv großdruck

Curt Goetz:
Die Memoiren des Peterhans von Binningen
dtv 25006

Ernst Heimeran:
Lehrer, die wir hatten
dtv 25035
Schüler, die wir waren
dtv 25042
Sonntagsgespräche mit Nele
dtv 25055
Der Vater und sein erstes Kind
dtv 25063 (Jan. 1992)

Irmgard Keun:
Das Mädchen, mit dem die Kinder nicht verkehren durften
dtv 25050

Friedrich Torberg:
Der Schüler Gerber
Roman
dtv 25047

José Mauro de Vasconcelos:
Wenn ich einmal groß bin
Roman
dtv 25056

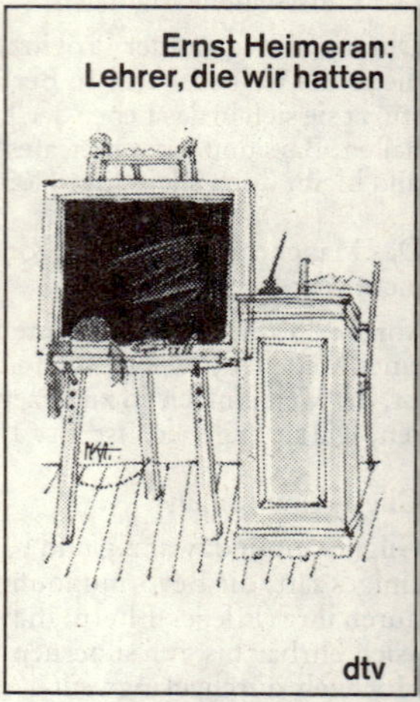